Karin Ackermann-Stoletzky

Ich liebe dich, wenn du dich fügst

Emotionale Erpressung: Wie Menschen einander manipulieren

R BROCKHAUS

Umschlaggestaltung: Dietmar Reichert, Dormagen
Gesamtherstellung: Breklumer Druckerei Manfred Siegel KG
ISBN 3-417-24865-5
Bestell-Nr. 224.865

INHALT

»Wir hängen aneinander« – wenn Beziehungen zur Falle werden

»Ja, renn nur nach dem Glück
Doch renne nicht zu sehr!
Denn alle rennen nach dem Glück
Das Glück rennt hinterher.«

So schrieb Bert Brecht in der Dreigroschenoper.
Oder, mit den Worten Blaise Pascals:

»... und im Bestreben, glücklich zu sein, sind wir es doch nicht.«

Nur drei von zehn Deutschen halten sich einer Umfrage des Allenbacher Instituts zufolge für glücklich, obwohl sieben von zehn Befragten der Aussage zustimmen, »in der Suche nach Glück liege der Sinn des Lebens«. Nur 50 % der Befragten bezeichnen sich mit ihrem Leben als »im Allgemeinen zufrieden«.

Wie ist Ihre Selbsteinschätzung: Halten Sie sich für »glücklich«?

Sind Sie mit Ihrem Leben zufrieden?

Das Empfinden von Glück oder Unglück hängt zu einem nicht geringen Maß auch mit den Beziehungen zusammen, in denen ich lebe. Fast 100 % der Befragten einer weiteren Umfrage verbinden »lieben« mit »glücklich sein« – selbst, wenn die Liebe sie nicht besonders glücklich macht.

»Ich fühle mich nicht mehr geliebt, ich weiß auch selbst nicht mehr, was ich fühle. Aber was soll ich machen? Weggehen würde unendlich viel Kraft kosten, also bleib ich. Ich lebe halt so mit ihr und sie mit mir. Ob ich unglücklich bin? Ja, aber allein wäre ich das auch.«

Liebe ist …

Liebe ist in allen Sprachen und Gesellschaftsformen einer der wichtigsten, aber auch der umstrittensten Begriffe. Liebe ist das Thema in Tausenden von Büchern, Filmen, Texten, Liedern. Liebe ist das Grundbedürfnis des Kleinkindes, des Teenagers, des »harten Kerls« genauso wie der alten Dame im Seniorenstift. Und manchmal ist Liebe auch eine Falle.

Die Psychologie beschreibt Liebe als ein menschliches Grundbedürfnis und eine Grundvoraussetzung zum Leben. Und die Bibel scheint das genauso zu sehen. Im Schöpfungsbericht wird beschrieben, dass wir als Gegenüber geschaffen wurden: Gegenüber für Gott und füreinander. Gott wird als »die Liebe« beschrieben und Paulus hat in 1. Korinther 13 eine anschauliche Beschreibung der Liebe als »das Höchste« abgegeben.

»Wer liebt, ist geduldig und gütig.
Wer liebt, ereifert sich nicht.
Er prahlt nicht und spielt sich nicht auf.
Er verhält sich nicht taktlos,
sucht nicht seinen Vorteil
und lässt sich nicht zum Zorn erregen.
Wer liebt, trägt keinem etwas nach;
er freut sich nicht, wenn einer Fehler macht,

sondern wenn er das Rechte tut.
Wer liebt, gibt niemals jemanden auf,
in allem vertraut er und hofft er für ihn;
alles erträgt er mit großer Geduld.
Niemals wird die Liebe vergehen.«
1. Korinther 13,4-8

Jesus wollte sogar, dass Liebe zum zentralen Erkennungszeichen seiner Freunde würde.

Wir wünschen uns zu lieben und geliebt zu werden. Der Satz »Ich liebe dich« gehört wohl zu den schönsten überhaupt. Allerdings sind wir Menschen uns nur selten wirklich einig, was wir darunter verstehen. Wenn wir darüber reden, merken wir – der Begriff der Liebe lässt sich schwer definieren.

Ich liebe
- Rad fahren
- meine Mutter
- meinen alten Teddybären
- die Natur
- Jesus
- meinen Partner
- meinen Kater
- manchmal sogar mich selbst
- manchmal das Gefühl, geliebt zu werden …

Was bedeutet »Liebe« für Sie?

Wodurch zeigen Sie Ihre Liebe?

Wodurch zeigen Ihnen nahe stehende Menschen ihre Liebe?

Welche »Zeichen« und Handlungen würden Sie sich wünschen?

Welche »Zeichen« und Handlungen hätte Ihr Gegenüber gern?

Haben Sie den Eindruck, Ihre Wünsche und die Wünsche Ihres Gegenübers passen zueinander?

Halten Sie Ihre Wünsche/die Wünsche Ihres Gegenübers für realistisch?

Warum gerade Partnerschaften ein guter »Nährboden« für emotionale Erpressung sein können

Von der Wiege bis zur Bahre haben wir mit Gefühlen, mit Gefühlszuständen zu tun. Mit dieser Kraft der Gefühle und ihrer Zustände müssen wir uns auseinander setzen. Sie wird geschaffen, gelenkt, erlitten, manipuliert oder zwanghaft reproduziert. Später in der Partnerschaft ist dieses Spiel kaum zu durchschauen, denn Partner- und Elternschaft sind so etwas wie Brutstätten alter Familienmuster.

Paare haben aneinander oft unausgesprochen große Erwartungen. Die Erwartung »mach mich glücklich« zum Beispiel. Dabei ist das eigentlich eine »mission impossible« – eine unmögliche Aufgabe. Wir können zwar zum Glück oder Unglück unserer Umwelt beitragen, aber das Glück eines anderen Menschen zu sein ist uns nicht möglich.

Haben Sie die Worte aus 1. Korinther 13 noch im Gedächtnis? »Wer liebt, trägt keinem etwas nach, (...) gibt niemals jemanden auf, in allem vertraut und hofft er für ihn; alles erträgt er mit großer Geduld. Niemals wird die Liebe vergehen ...«

> »Bis zu einem gewissen Grad selbstlos sollte man schon aus reiner Selbstsucht sein.«
> Marie von Ebner-Eschenbach

Wer möchte nicht so geliebt werden? Auf der anderen Seite: Wer kann schon so lieben? Auf der Suche nach der »wahren Liebe« entdecken wir immer wieder, dass es diese reine, freigebende und in sich ruhende Liebe nicht gibt. Liebe ist (solange sie lebendig bleibt) wunderbar. Aber die menschliche Liebe ist auch immer mehr oder weniger stark mit verdrehten und/oder verdeckten Strategien verbunden.

Langfristig belastet die Erwartung »Mach mich glücklich!« eine Partnerschaft stark, kann sie sogar zum Scheitern bringen und zum Nährboden für emotionale Erpressung werden. Denn: Wenn der Partner nicht angemessen funktioniert, kommt manch einer in die Versuchung, da etwas nachzuhelfen. Und weil niemand sich langfristig unter Druck setzen lassen, unter Schuldgefühlen und unterdrückten Aggressionen leiden bzw. die eigenen Bedürfnisse immer zurückstellen will, kommt es dann irgendwann zum Kampf.

Verliebt, verlobt …

Ist Ihnen schon einmal aufgefallen, dass wir uns sehr oft immer in die gleichen Typen verlieben, selbst, wenn wir die Erfahrung gemacht haben, dass diese Kombination nicht besonders gut funktioniert? Was geht vor, wenn wir uns verlieben? Was steht am Anfang von Beziehungen?

Nach einer Untersuchung der Universität Oldenburg (Prof. Dr. Ulrich Mees) ergibt sich schon in der Anfangsphase einer Beziehung ein Ungleichgewicht zwischen den Ansprüchen an einen Partner und der eigenen Liebesbereitschaft. Prof. Mees und sein Team untersuchten die Erwartungen und Wünsche von Menschen in der »Ich-bin-verliebt-Phase«, also in der Phase des Kennenlernens.

Im Vergleich zum eigenen Verhalten wurden hier vom Partner mehr »Liebesbeweise« erwartet: Ein Großteil der Befragten gab als Ideal eine Partnerschaft an, in der der Partner »Vorauszahlungen auf das Beziehungskonto« leistet: Sie wünschten sich, umworben zu sein. Der »Bewerber«/die »Bewerberin« sollte »mehr Vertrauen« zu einem haben, als man selbst zu ihm hat; er sollte »offener und ehrlicher« sein als man selbst; er sollte »treuer sein« und einen mehr »begehren« als umgekehrt; und er sollte einen selbst »ausschließlicher« und »länger« lieben als man selbst ihn oder sie.

Offensichtlich erwarteten die Befragten in der Anfangsphase von ihren Partnern also mehr Liebesbeweise, als sie selbst zu zeigen bereit waren. Wie ist dieses Ungleichgewicht der Erwartungen an die eigene Liebe im Vergleich zur Liebe des Partners zu erklären?

»Liebt er mich, liebt er mich nicht ...« – die Suche nach den Liebesbeweisen.

Wahrscheinlich hat dieses Ergebnis etwas damit zu tun, dass die Befragten befürchteten, bei einseitiger Liebe emotional verletzt werden zu können. Daher wollten sie möglichst sichergehen, dass sie von ihrem Partner auch wirklich wiedergeliebt werden. Sie erwarteten also gewissermaßen einen Beleg dafür, dass sie lieben können, ohne Gefahr zu laufen, dass die eigene Liebe unerwidert bzw. einseitig bleibt. Diese vorsichtige Position kann jedoch vom Partner als Anzeichen geringerer Liebe, unter Umständen sogar als Anzeichen von »Egoismus« aufgefasst werden. Darin könnte ein nicht unerhebliches anfängliches Konfliktpotenzial für Liebesbeziehungen verborgen sein:

Jeder der beiden Partner verlangt zunächst vom jeweils anderen eindeutigere Liebesbeweise, als er selbst zu zeigen bereit ist. Nach den Ergebnissen dieser Studie gilt dies für Frauen und für Männer gleichermaßen.

Das Bedürfnis nach Sicherheit, der Wunsch Verletzungen zu vermeiden scheint in die Anfangsphase von Beziehungen zu gehören. Es kann sich sehr unterschiedlich auswirken. Wenn ein Mensch einen anderen Menschen als Partner wählt, der anscheinend schwächer ist, liegt auch darin eine Möglichkeit der Absicherung. »Du brauchst mich, ich komme ohne dich klar« gibt eine Menge Schutz vor der unbewussten Angst, abgelehnt zu werden.

Die dritte Falle unseres Sicherheitsbestrebens: Unbewusst wählen wir manchmal Menschen, mit denen wir vertraute Strategien einfach weiterleben können.

Wie Liebe beginnt

Zwei Menschen zieht es magisch zueinander, und alles scheint richtig und vertraut. Die Hormone? Psychologie? Fügung? Oder einfach so etwas wie ein unerklärbares Wunder?

Wer liebt, fühlt sich seinem Gegenüber plötzlich sehr nah. Und auch die aktuellen Ehestatistiken (die eine immer weiter steigende Trennungsrate verkünden) können uns nicht davon abbringen, uns ein gemeinsames Leben mit diesem Menschen zu erträumen. In der Bibel ist die Sehnsucht nach Ergänzung eindrucksvoll beschrieben:

> »Zwei sind auf jeden Fall besser dran als einer allein. Wenn zwei zusammenarbeiten, bringen sie eher etwas zustande. Wenn zwei unterwegs sind und einer hinfällt, dann hilft der andere ihm wieder auf die Beine. Aber wer allein geht, der ist übel dran, wenn er hinfällt, will keiner ihm helfen. Wenn es kalt wird, können zwei Schläfer sich gegenseitig wärmen. Aber wie soll einer allein sich warm halten? Einer allein kann leicht überwältigt werden, aber zwei wehren den Überfall ab. Noch besser sind dann drei; denn man sagt ja: ›Eine dreifache Schnur reißt nicht so schnell!‹«
> Prediger 4,9-12

Der Wunsch, das Leben mit einem geliebten Menschen gemeinsam zu meistern, ist heute genauso aktuell wie damals.

Warum man sich in einen bestimmten Partner verliebt (bzw. ihn liebt), ist umstritten. Wie schon angedeutet, liegen vielfältige Erklärungsversuche für den Beginn der Liebe zu einem bestimmten Partner vor. Neben Erklärungen aus dem Bereich der Genetik, auf die ich hier nicht näher eingehen möchte, sind für unser Thema psychologische Komponenten besonders interessant.

1. Die Biologen sehen uns durch genetische Programme auf dem richtigen Weg zum bestmöglichen *»Fortpflanzungspartner«*.

2. *Ich wähle, was ich kenne*. Unbewusst wird in vielen Fällen ein Partner gewählt, mit dem man alte Muster nahtlos weiterleben kann. So ziehen sich zum Beispiel Nehmen und Geben an: Der junge Mann aus dem Klischee mit überbehütender Mutter findet sicherlich die junge (ebenso klischeehafte) Frau mit »Bemutterungstendenzen«. Er fühlt sich bei ihr wohl, sie fühlt sich wertgeschätzt.

Meine »innere Landkarte« führt mich immer wieder auf bekanntes Gebiet.

Robin Norwood schreibt dazu in ihrem Buch »Wenn Frauen zu sehr lieben«: *»Es gibt nichts Faszinierenderes als das Gefühl von rätselhafter Vertrautheit, wenn ein Mann und eine Frau zueinander finden, deren Verhaltensmuster zusammenpassen wie die Stücke eines Puzzles. (…) Je mehr Schmerz wir in unserer Kindheit erlitten haben, desto stärker wird unser Verlangen als Erwachsene, diesen Schmerz wiederzubeleben und endlich zu überwinden.«* Demnach erkennen wir unbewusst sofort, wer die gleiche Bereitschaft zu Liebe, Lust und Entwicklung, aber auch für Angst und Abwehr hat. Allerdings sind uns nur zehn Prozent unserer Wahrnehmungen über den anderen bewusst. Psychologen sprechen daher auch von der »unbewussten Liebes-Landkarte«, die wir in uns tragen und anhand der wir unseren idealen Partner erkennen. Und wie schon gesagt sind darauf unsere Beziehungen in der Ursprungsfamilie besonders »dick eingezeichnet«.

3. *Ich wähle meine Ergänzung*. Wir Menschen sind meist »Spezialisten«: Wir haben bestimmte Charaktereigenschaften besonders stark entwickelt. Manches wurde gefördert, manches unterdrückt. Und so formt sich auf der Grundlage von Anlage/Schöpfung und Erziehung die Persönlichkeit ei-

nes Menschen immer mehr heraus. Oft sind es am Anfang einer Beziehung gerade die Gegensätze, die uns anziehen. Der einfühlsame, zurückhaltende Mensch verliebt sich in den energischen Tatmenschen, die Frohnatur in den melancholischen Denker. »Unbewusstes erkennt Unbewusstes irrtumslos«, nennt das der Paarexperte Prof. Markus Moeller. Am Anfang ist diese Gegensätzlichkeit fruchtbar und anziehend. In der ersten Verliebtheit werden auch Widersprüche und Irritationen positiv umgedeutet. Außerdem bemühen sich beide Partner, sich von der besten Seite zu zeigen. Je länger eine Partnerschaft dauert, umso mehr klärt sich der »verklärte Blick«, und manches Verhalten, das am Anfang anziehend war, wird zum Problem.

4. *Spielt Gott in der Partnerwahl eine Rolle?* Biblische Beispiele und Erfahrungen heutiger Menschen belegen, dass es sinnvoll ist, sich in seiner Partnerwahl nicht nur von den oben genannten Kräften beeinflussen zu lassen. Statistiken beweisen, dass Ehen, die auf der Grundlage gemeinsamen Glaubens geschlossen wurden und in denen die Partner sich im Gebet ernsthaft mit ihrem Wunsch nach diesem Partner auseinander gesetzt haben, größere Chancen auf Bestand haben. Allerdings sind wir Menschen von Anfang an mit einem freien Willen ausgestattet.

Reflektieren Sie:

Was hat Sie am Anfang an Ihrem Partner besonders angezogen?

Was hat Ihren Partner am Anfang besonders angezogen?

Weshalb haben Sie sich in Ihren Partner verliebt?

Wie fühlten Sie sich selbst wahrgenommen?

Wie sahen Ihre Hoffnungen und Erwartungen aus?

Woran haben Sie festgemacht, dass das der richtige Partner für Sie ist?

Was wissen Sie über die Hoffnungen und Erwartungen Ihres Partners?

Was gefällt Ihnen heute an Ihrem Partner besonders gut?

Was empfinden Sie als schwierig?

Was gefällt Ihrem Partner an Ihnen vermutlich besonders gut?

Was empfindet er vermutlich als schwierig?

Was schätzen Sie an Ihrer Beziehung zueinander?

Was schätzt Ihr Partner vermutlich am meisten?

Was würden Sie gern ändern?

Was würde Ihr Partner vermutlich gern ändern?

Wenn Liebe sich in Stress verwandelt

In der Intimität der Paarbeziehung verweben sich zwei Menschen auf vielerlei Weise. Die Beziehung wird enger, inniger und vertrauter. Damit steigt aber auch das Konfliktpotenzial. Eine Frau erzählte in der Paarberatung:

> »Unsere Hochzeit war der glücklichste Tag in meinem Leben. Ich dachte: Jetzt sind wir wirklich ein Paar. Ich hoffte, unsere Beziehung würde jetzt tiefer werden, hoffte auf mehr Gespräche, auf gegenseitige Unterstützung. In Wirklichkeit bewirkte die neue räumliche Nähe genau das Gegenteil. Tim benahm sich wie ein

Pascha: Ließ alles rumliegen, jeden Morgen konnte ich seine Sachen rund um das Bett aufsammeln. In seiner eigenen Wohnung hatte er das schon immer gemacht, aber bei mir eben nicht. Er ließ sogar das Geschirr immer an Ort und Stelle stehen. Ich wurde immer gereizter und zickiger. So hatte ich mir das einfach nicht vorgestellt! Irgendwann sagte er dann zu mir: ›Wenn du immer nur genervt bist, hättest du nicht mit mir zusammenziehen sollen. Zwischen uns läuft ja gar nichts mehr!‹ Und ich brüllte ihn an: ›Wenn du nur eine billige Putzfrau und jemanden fürs Bett wolltest, hast du dich verschätzt!‹«

Die Realität einer Beziehung ist für viele ernüchternd.

- Eine zum Teil als abhängig erlebte Rolle fördert den Rückgriff auf früh erlernte Verhaltensmuster (man nennt das auch »Regression«): Man greift in die Mottenkiste der Familiengewohnheiten.
- Die emotionalen Wünsche der Partner sind oft nicht realistisch und deshalb auch nicht erfüllbar. Das Ergebnis: Enttäuschung und Rückzug. Wer das Gefühl hat, zu kurz zu kommen, ist meist auch selbst nicht mehr bereit, viel zu geben. Und so beginnt eine Spirale des »Aufrechnens«.
- Beziehungen wirken, aber diese Wirkung wird selten bewusst reflektiert und wahrgenommen. So werden Probleme oft sehr lange verdrängt und unter den Tisch gekehrt.
- Was mich am Anfang an meinem Partner anzog (seine »Andersartigkeit«, seine »Traurigkeit«, seine »Freiheit« usw.), wird irgendwann zum Problem für mich. So reagiere ich plötzlich auf Verhaltensweisen, die ich früher sogar nett oder angenehm fand, mit Ärger oder Abwehr.

In einer funktionierenden Beziehung haben die Partner Wege gefunden, mit den Realitäten ihrer Beziehung umzugehen.

Bindungstheorie

Eine der interessanten Theorien, die helfen können Beziehungsverhalten besser zu verstehen, ist die so genannte Bindungstheorie. Sie geht davon aus, dass jeder Mensch überwiegend einem der vier »Bindungsstile« folgt:

- dem sicheren,
- dem vermeidenden,
- dem ängstlichen,
- dem Besitz ergreifenden.

1. »Sicherer« Stil

Du und ich = ?

Eine typische Aussage des sicheren Beziehungsstils könnte zum Beispiel lauten: »Liebe kann ewig halten – warum auch nicht?« Menschen mit einem sicheren Bindungsstil wünschen sich deshalb Beziehungen von Dauer. Und sie können sich auch vorstellen, eine solche Beziehung langfristig »auszuhalten«. Angeblich haben rund 60 Prozent aller Deutschen einen sicheren Bindungsstil, streben also eine sichere, langfristige Beziehung an. Trotzdem steigt die Rate der Trennungen von Jahr zu Jahr – das Ideal scheint schwer durchzuhalten zu sein.

2. »Vermeidender« Stil

Menschen, die häufig zurückgewiesen wurden, unterdrücken unter Umständen dauerhaft ihr Bedürfnis nach Nähe. Sie entwickeln einen vermeidenden Stil. Angeblich leben rund 30 Prozent der Deutschen diesen Bindungsstil. Typische Aussagen sind zum Beispiel: »Ich brauche keine so engen gefühlsmäßigen Bindungen. Ich bin unabhängig und selbstständig und will nicht so gern, dass andere mir zu nahe kommen. Aber das macht nichts: Romantische Liebe dauert sowieso nicht lange.«

3. »Ängstlicher« Stil

Auch Menschen mit einem ängstlichen Beziehungsstil wurden zurückgewiesen, schließen daraus aber, dass sie nicht liebenswert sind: »Ich finde es schwierig, anderen nahe zu sein, und ich kann ihnen nicht vertrauen oder von ihnen abhängig sein – davor fürchte ich mich einfach.« Sie machen, zusammen mit den Besitzergreifenden, ungefähr zehn Prozent der Bevölkerung aus.

4. »Besitz ergreifender« Stil

Besitz Ergreifende bemühen sich intensiv um Nähe und wehren sie zugleich heftig ab: »Es geht mir nicht gut, wenn ich keine Liebesbeziehung habe, aber der andere hat mich meistens nicht so gern wie ich ihn. Meine Partner klagen oft darüber, dass ich ihnen zu eng auf die Pelle rücke.«

Die Bindungsstile beeinflussen entscheidend unser Verhalten. So sind besonders Menschen mit vermeidendem, ängstlichem und Besitz ergreifendem Stil gefährdet, sich zu »Erpressern« zu entwickeln. Sie haben es nicht so leicht, sich anzuvertrauen, Unterstützung zu erfahren oder zu geben.

In einem Experiment wurden Paare zu einer angeblichen »medizinischen Untersuchung« gebeten. Die »Ärzte« gaben sich alle Mühe, die Versuchspersonen einzuschüchtern und den Eindruck zu erwecken, eine schmerzhafte und unangenehme Prozedur warte auf sie. Die »sicher gebundenen« Probanden suchten im Wartezimmer Unterstützung bei ihrem Partner und unterstützten ihn ebenfalls. Je größer ihre Angst war, desto enger rückten die Paare zusammen. Die »ängstlichen« Paare verhielten sich genau umgekehrt: Je größer ihre Furcht vor dem Eingriff war, desto mehr rückten sie voneinander ab. Sie erwarteten vom Partner keine Hilfe und boten auch keine an.

Reflektieren Sie:
Wie sieht Ihr Bindungsstil aus?

Haben Ihr Partner und Sie den gleichen Stil?

Wie wirkt sich das in Ihrem realen Verhalten in der Partnerschaft aus?

Die »klassischen Ehe-Risiken«

Belastung + Abhängigkeit voneinander = Beziehungsstress

Unabhängig von den Beziehungsstilen gibt es aber im Laufe jeder Partnerschaft bestimmte Problemphasen mit »Spaltungsgefahr«: In den ersten sieben Jahren z. B., nach der Geburt eines Kindes sowie in jener Zeit, in der das erste Kind die Pubertät erreicht, liegen – statistisch gesehen – die entscheidenden Bewährungsphasen einer Beziehung. Bis zum achten Ehejahr erfolgt in Deutschland gut ein Drittel aller Scheidungen. Da die Statistik aber nur den Zeitpunkt des offiziellen Scheidungstermins erfasst, die tatsächliche Trennung aber in der Regel viel früher erfolgt, fallen viele Ehen offenbar bereits kurz nach der Trauung wieder auseinander. Einen paradoxen Effekt auf die betroffenen Paare haben die Kinder: Sie verlängern die Dauer einer Beziehung und sie verschlechtern deren Qualität.

Ein Erfolgsrezept: gegenseitige Unterstützung

Paare brauchen gegenseitige Hilfe, gerade als Eltern sind sie plötzlich eine Arbeitsgemeinschaft. »Abhängigkeit« aber gilt in der Partnerforschung grundsätzlich als belastender Faktor. Wer den Eindruck hat, vom anderen abhängig zu sein, bei dem schwinden die positiven Gefühle rascher. Das beste, vielleicht das einzige Mittel gegen den Liebeszerfall in einer Beziehung ist offenbar gegenseitige Unterstützung. Wenn Männer und Frauen das Gefühl haben, ihr Partner bemühe sich aktiv, sie zu entlasten, geht es beiden entscheidend besser. Wenn das jüngste Kind in die Pubertät kommt, rollt die zweite große Trennungswelle – vielleicht, weil die Partner jetzt spüren, was alles auf der Strecke geblieben ist, vielleicht, weil der Druck nachlässt zusammenzubleiben.

Ein Beziehungskiller: Faktor Stress

68 % aller Paare empfinden sich selbst als »stark gestresst«: reale oder unbestimmte Existenzängste, hohe Erwartungen im Berufsleben, finanzieller Druck, Doppelbelastungen durch Familie und Beruf … Die Berliner Psychologin Dr. Christiane Müller-Wichmann hat ein Buch mit dem Untertitel »Auf der Suche nach der Frei-Zeit« geschrieben. Sie schreibt darin: *»Wir müssen wirklich sehr viel tun, um bei den hohen Standards, die zu erreichen sind, unseren Alltag zu meistern. In welchem Sinne ist es nun Freizeit, sich mit dem Hauswirt über Heizkostenabrechnungen zu streiten, die Neuregelung des Lohnsteuerjahresausgleiches zu entschlüsseln, Elternabend, TÜV-Termin und das Studium der Gebrauchsanleitung der neuen Termostatventile zu regeln?«*

Der Alltag erhöht den Druck auf die Beziehung. Enttäuschung, Verlust von Hoffnungen und fehlende positive Gemeinschaftserlebnisse führen dazu, dass sich der Umgangston immer mehr verschärft. Negativer Nebeneffekt von Stress: Echte Nähe erfordert so etwas wie eine »Aufwärmphase«, sie kann nicht zwischen Tür und Angel stattfinden. So verringert sich der emotionale Austausch und das Maß an Intimität zusehends. Und allmählich bleibt die Partnerschaft auf der Strecke.

Das Institut für Familienforschung der Universität Fribourg hat versucht, die Wirkung von Stress auf die Kommunikation zu erforschen. Paare wurden durch Tests in Stress gebracht, während die Forscher durch Videoaufnahmen zu ergründen versuchten, wie sich die Kommunikation dadurch veränderte. Ergebnis: Die Qualität des Miteinanders sank dramatisch. Besonders der Anteil von Äußerungen, die vom Wortlaut her nicht offensichtlich negativ waren, durch den Tonfall, die Körpersprache oder den Kontext aber eine negative Wirkung bekamen (z. B. bissiger oder leidender Unterton), stieg rapide.

Die Wahrscheinlichkeit, dass ständiger Stress ein Beziehungskiller ist, ist allgemein gut belegt. Im Gegensatz ist auch deutlich geworden, dass die gemeinsam als Paar verbrachte Zeit ein wichtiger Faktor für eine gute Beziehung ist. Dabei geht es gar nicht in erster Linie um die Quantität, sondern um die Qualität der miteinander verbrachten Zeit. 20 Minuten intensives, gutes Gespräch am Abendbrottisch sind wichtiger als 3 Stunden gemeinsames Fernsehen.

Die »Gotman-Konstante«

Es gibt eine Gesetzmäßigkeit, die als »Gotman-Konstante« bezeichnet wird. Um ein negatives Beziehungserlebnis wettzumachen – eine Kränkung, einen Streit, eine kleine Nachlässigkeit – muss der andere fünf positive Erlebnisse etwa der gleichen Größenordnung stiften. Erst dann haben wir das Gefühl, dass wir mit dem Partner wieder quitt sind. 5:1 – die Glücksformel guter Beziehungen.

Ist Ihr Beziehungskonto im Minus?

Was geschieht, wenn Partner A aus seiner Zeitung vorliest und Partner B ihm nicht antwortet? Schlimmer noch – wenn es nicht einmal ein zustimmendes Murmeln gibt, sondern das Radio eingeschaltet wird? Nun, wahrscheinlich fühlt sich A gekränkt. Was muss passieren und wie lange wird es dauern, bis er diese kleine, ärgerliche Szene vergessen hat?

Ein Streicheln ist schnell verflogen, aber ein kleiner Riss heilt nur langsam. Jeder Mensch führt in seinem Unterbewusstsein eine Art Konto über seine Partnerschaft: Was bringt sie mir, und was muss ich dafür investieren? Dabei rechnet jeder anders. In dieser Kosten-Nutzen-Diagnose vergleichen wir unsere aktuelle Beziehung mit früheren Liebeserfahrungen.

Unendliche Harmonie

Eine weitere Hürde im Beziehungsleben sieht zu Anfang eigentlich gar nicht so negativ aus: das Streben nach perfekter Harmonie. Ich will hundertprozentige Übereinstimmung mit meiner Partnerin, meinem Partner erreichen. Jede Unterschiedlichkeit, jede Meinungsverschiedenheit wird als Bedrohung empfunden.

Damit stecken wir allerdings mit beiden Füßen im Fettnäpfchen. Bei allen Versuchen, sich einander zu erklären, wird es eine solche Übereinstimmung nie geben. Ein Rest von Fremdheit und Geheimnis wird bestehen bleiben – und das muss akzeptiert werden. Gute Bindungen brauchen auch den Mut zur Distanz und die Akzeptanz der Andersartigkeit des anderen.

Allerdings ist auch belegt, dass Paare, die gemeinsame Interessen und einen ähnlichen Bildungsstand haben, in der Regel auch stabilere Beziehungen leben. Besonders wichtig ist hier übrigens auch eine gemeinsame Weltanschauung und ein gemeinsamer Glaube. Ob ein Paar miteinander beten kann oder nicht, ist eine wichtige Frage.

Fazit: Gemeinsamkeiten sind wichtig, Unterschiedlichkeiten sollten aber nicht als Bedrohung, sondern als Bereicherung angesehen werden. Nur so ist es auch möglich, sich angemessen und konstruktiv miteinander auseinander zu setzen.

> »Wer nach dem wahren Leben verlangt und glückliche Tage erleben will, der nehme seine Zunge gut in Acht, dass er nichts Schlechtes und Hinterhältiges sagt. Er kehre sich ab vom Bösen und tue das Gute. Er mühe sich mit ganzer Kraft darum, mit allen Menschen in Frieden zu leben. Denn der Herr hat ein offenes Ohr für ihre Bitten.«
> 1. Petrus 3,10-12a

In der heutigen Zeit ist dauerhafte Liebe zwischen zwei Partnern gar nicht anders denkbar als eine ebenbürtige, eine gleichwertige Beziehung. Dem wird wohl jeder zustimmen.

Vier Voraussetzungen müssen gegeben sein:

1. ein ausgewogenes Verhältnis von Autonomie und Bindung
2. ein ausgewogenes Wechselspiel zwischen Geben und Nehmen
3. ein ausgewogenes Machtverhältnis
4. und schließlich darf es keine »unerledigten« Verletzungen geben

Haben Sie den Eindruck, als Paar »gestresst« zu sein? Wenn ja: Wie gehen Sie damit um?

Haben Sie den Eindruck, genug »Qualitätszeit« mit Ihrem Partner zu verbringen?

»Wenn du glücklich werden willst, solltest du nicht heiraten. Wenn du glücklich machen willst, dann ja.« Walter Trobisch

Reservieren Sie in Ihrem Alltag Zeit für Ihre Beziehung? Wenn ja: Womit verbringen Sie diese Zeit?

Ist Ihr »Beziehungskonto« ausgeglichen – gibt es also ein Gleichgewicht im Geben und Nehmen?

Wenn nicht: Wie gehen Sie beide damit um?

Wann haben Sie die letzte uneigennützige »Einzahlung« gemacht?

Was geht in Ihnen vor, wenn Ihr »Beziehungskonto« ins Minus gerät?

Wie verhalten Sie sich in solchen Fällen?

Wege in den »Beziehungsbankrott«

Die entscheidende Frage in vielen Beziehungen lautet: Was bleibt unterm Strich für mich? Wenn ich dauerhaft das Gefühl habe, mehr »bezahlen« zu müssen, als ich zurückbekomme, folgt oft der Beziehungsbankrott: Die Partner trennen sich. Eine andere Lösung besteht in der Suche nach anderen »Einkommensquellen«: Quellen der Selbstbestätigung außerhalb der Beziehung. Die dritte Möglichkeit: Vielleicht kann ich meinen Partner/meine Partnerin ja umerziehen? Wenn ich mich nur sehr anstrenge und mich bemühe, habe ich dann vielleicht irgendwann das Gegenüber, das mich doch noch glücklich machen könnte? Viele Menschen sind mit dieser Illusion in eine Ehe gegangen – und meist enttäuscht worden.

Reflektieren Sie:

Wie mein/-e Partner/-in sich meiner Ansicht nach ändern sollte:

ist:	**sollte sein:**
1. ______________________	______________________
______________________	______________________
______________________	______________________
2. ______________________	______________________
______________________	______________________
______________________	______________________
3. ______________________	______________________
______________________	______________________
______________________	______________________

Wenn X so wäre, wäre ich viel glücklicher. Wenn Y sich nicht mehr so verhielte, könnte ich mich auch verändern

Wir verfolgen ein falsches Ziel, wenn wir einen Menschen ändern wollen. Je mehr ich versuche, einen anderen »umzukrempeln«, umso schwieriger wird die Beziehung. Immer, wenn wir darauf warten, dass sich jemand anderer verändert, sind wir automatisch in einer schwierigen Position: Unser Glück hängt vom Verhalten anderer ab. Wir werden zum Opfer, das darauf angewiesen ist, dass der Täter seine Haltung ändert. Und spätestens hier begeben wir uns auch auf das Gebiet der Manipulation: Wir versuchen, unser Gegenüber mehr oder weniger geschickt zu »bearbeiten«. Obwohl wir so eine Menge arbeiten, unser Gegenüber vielleicht sogar bis zu einem gewissen Maß kontrollieren können: Ob und welche Schritte der Veränderung unser Gegenüber macht, entscheidet dieses selbst. Sogar Gott ist auf unser »Ja« zur Entwicklung angewiesen! Wie viel mehr liegt es außerhalb unserer Macht, andere Menschen zu verändern?

Bitte reflektieren Sie:

Das Verhalten, das ich bei meinem Partner gerne ändern würde, ist …

Ich versuchte es bisher zu ändern, indem ich …

Das Resultat war:

Hatten Ihre Änderungsversuche Einfluss auf die Beziehung? Welchen?

Nehmt einander an ...

Es ist schwer, einen anderen Menschen zu verändern. Das Geheimnis einer guten Partnerschaft besteht darin, dass man sich immer wieder gegenseitig annimmt, die Schattenseiten inbegriffen. Konzentrieren Sie sich auf die Stärken Ihrer Partnerin/Ihres Partners und freuen Sie sich darüber. »Nehmt euch gegenseitig an, so wie ihr seid, denn auch Christus hat euch ohne Vorbehalte angenommen. Auf diese Weise wird Gott geehrt« (Römer 15,7).

Mit Liebe beschreiben oder begründen wir die unterschiedlichsten Verhaltensweisen

»Das hab ich dir zuliebe getan«, sagen oder denken wir manchmal.

Außen Stehende würden unser Verhalten hier vielleicht manchmal unterschiedlich beurteilen:

- Ein Mensch schluckt seine Kränkung über das Verhalten eines anderen herunter und geht den untersten Weg – er nennt es Liebe, andere nennen es Angst vor Auseinandersetzung.

- Eine Mutter umsorgt ihren Sohn: Putzt, kocht, wäscht für ihn, kauft seine Kleidung, verwöhnt ihn, achtet darauf, dass er nicht in schlechte Gesellschaft kommt – sie nennt es Liebe, andere nennen es (in Hinblick darauf, dass »der Kleine« schon 30 wird) unangemessenes, kontrollierendes Verhalten.
- Menschen finden keinen Weg der Veränderung, obwohl sie sich ständig gegenseitig verletzen und streiten: Sie nennen es Treue, andere Quälerei.
- Eine Frau bleibt bei ihrem Mann, obwohl er sie schlägt. Sie nennt es Liebe, andere Abhängigkeit.

Was *Liebe* bedeutet, definieren wir eben sehr unterschiedlich, oft auf dem Hintergrund unserer Vorerfahrungen. Wir halten das für Liebe, was wir als Liebe kennen gelernt haben.

Die Grundlage für meine Art, Liebe zu erleben und Liebe zu geben, wird schon sehr früh gelegt.

Stellen Sie sich vor, in Ihrer Kindheit wäre ein »Tank« in Ihrer Seele eingerichtet worden, der sich (wenn's gut ging) nach und nach mit erfahrener Liebe auffüllte. Der Ort, an dem dieser Tank sich füllt, ist zuerst einmal Ihre Familie.

In unseren Familien lernen wir so, was »Leben« bedeutet, wie man Beziehungen gestaltet und was Liebe ist. Und zwar weniger über das, was gesagt wird, als über das, was gelebt wird. Es ist, als würde in jeder Familie ein bestimmtes Muster gelebt, das wir unbewusst übernehmen.

Auch, wenn es kaum effektiv ist und uns nur Probleme macht oder sogar Schmerzen bereitet, greifen wir in vielen Lebenssituationen auf dieses erlernte Familienmuster zurück, weil es uns so vertraut ist. Das Muster läuft automatisch und oft ohne in unser Bewusstsein zu gelangen einfach ab. So manövriere ich mich, ohne es zu merken, manchmal immer wieder in die ewig gleichen Schwierigkeiten.

Die Psychologin Robin Norwood beschreibt in ihrem Buch »Wenn Frauen zu sehr lieben« eine weitere Facette dieses

Phänomens. Sie bezeichnet Familienleben als eine Art »Tanztheater«, in dem ich als Kind lerne, wie ich mich verhalten und wie ich fühlen, im übertragenen Sinne also »tanzen« soll, damit ich in das Muster meiner Familie passe. Irgendwann »tanze ich aus meiner Familie heraus« in andere Beziehungen. Die Chance ist groß, dass ich mir jetzt unbewusst neue »Tanzpartner« suche, die zu meiner alten Rolle passen. Ohne es zu merken, haben sich deshalb viele Menschen Partner gesucht, bei denen sie sich nicht so sehr umstellen müssen. Und so wiederholen sich manche Muster von Generation zu Generation. So wählt die Frau, die schon immer um die Zuneigung ihres Vaters gekämpft hat, häufig einen Mann, bei dem sie weiterkämpfen muss. Der Mann, der unter der Kühle seiner Mutter litt, wählt dennoch eine Frau, die ähnliche Strukturen zeigt. Im Laufe der Zeit entwickeln die zwei ihr eigenes gemeinsames Verhaltensrepertoire: Wie ein Paar, das einen gemeinsamen Tanz lernt, Schrittfolgen und Abläufe trainiert und übt, entwickeln sie miteinander ein aufeinander abgestimmtes System gegenseitigen Handelns und eine eigene Form der Kommunikation. Gute Beziehungen bilden dabei eine Gleichwertigkeit der Partner heraus. Geben und Nehmen sollten sich etwa die Waage halten, führen und sich führen lassen, vorwärts gehen oder abwarten. Aber leider werden so nicht nur die guten und hilfreichen Beziehungsmuster im Laufe der Jahre immer weiter verstärkt, sondern auch die negativen und schädlichen.

»Mein Vater war alkoholkrank. Meine Mutter und er befanden sich in einem ständigen Kampf: Sie versuchte, ihn zu kontrollieren. Sie litt und versuchte ihm zu helfen. Er litt ebenfalls, hatte ein schlechtes Gewissen und fühlte sich minderwertig – und trank immer weiter. Ich fühlte mich gedemütigt, wenn Freunde kamen und mein Vater durch die Wohnung torkelte. Aber ich liebte ihn auch und er liebte mich. Oft tröstete ich ihn, wenn er verzweifelt war.

Als ich meinen späteren Mann kennen lernte, haben mich zuerst sein Augen angesprochen: Sie waren so warm und so unglaublich traurig. Wir hatten sofort einen Draht zueinander, konnten uns unglaublich gut unterhalten, waren ein Herz und eine Seele. Wo ich bei Männern sonst immer Minderwertigkeitsgefühle spürte, war das bei ihm einfach anders. Wir heirateten und waren glücklich. Ich versuchte, ihn zu unterstützen, wo ich konnte, aber er hatte einfach viel Pech. Irgendwann fiel mir auf, dass er relativ viel trank. Ich sprach ihn darauf an, er verstand auch meine Sorge und versprach, die Sache in den Griff zu bekommen. Es klappte aber nicht, sein Alkoholkonsum wurde immer größer. Und ich versuchte, mich gegen diese Entwicklung zu stellen: Ich goss allen Alkohol weg, den ich fand, ich fing an, ihm nachzuspionieren, wenn er später kam. Und irgendwann wankte er zum ersten Mal durch unsere Wohnung, obwohl wir Besuch hatten. Ich schämte mich in Grund und Boden. Und plötzlich wusste ich, woher ich dieses Gefühl kannte: Von zu Hause ...«

Ein Blick zurück: Wie sehen Ihre Ursprungsmuster aus?

Welche Rolle hatten Sie in Ihrer Familie den Eltern gegenüber?

Welche Rolle hatten Sie Ihren Geschwistern gegenüber?

Was haben Sie über Liebe und Beziehungen gelernt?

Gibt es Reaktionen, Verhaltens- und Herangehensweisen, die Sie damals entwickelt haben und die heute noch wirksam sind?

Wie sehen diese Auswirkungen aus?

Jeder von uns bringt aus seinen Ursprungsfamilien eine Reihe von erlernten Verhaltensmustern darüber mit

- wie man bekommt, was man will
- wie man geliebt und geachtet wird
- was man darf und was nicht
- und auch, was man vom Leben und vom Rest der Welt erwarten darf

Für ein Kind bedeutet die Familie einen Schutzraum gegen Gefahren und Unsicherheiten. Hier haben wir auch die Chance, am Anfang unseres Lebens eine ganz besondere Erfahrung zu machen:

Die Erfahrung, ohne Gegenleistung geliebt zu werden

Im Mutterleib sind wir Teil eines anderen Menschen. Und wenn es gut geht, erfährt ein Kind nach der Geburt geliebt, gehegt und gehalten zu werden – ohne dafür etwas leisten zu müssen. Mit zunehmendem Alter werden wir immer wacher für unsere Umwelt und registrieren alles, was auf uns einströmt – zuerst ohne Filter und Korrektur. Was die Eltern sagen, wie sie handeln, ihre Gesten und Worte werden in den ersten 5 Lebensjahren nicht hinterfragt. Die Eltern sind für jedes Kind zuerst einmal relativ kritiklos Vorbilder und jedes Kind sehnt sich danach, von ihnen geliebt und wertgeschätzt zu werden. Ein Mensch, dessen Tank in diesem Prozess gut mit sicherer Liebe und Zuwendung aufgefüllt wurde, wird es leichter haben, auch anderen Liebe zu schenken, und er bekommt sie auch leichter zurück. Das Lebensgefühl »Ich bin wichtig. Ich werde geliebt. Ich darf stark sein« bietet eine gute Grundlage auch für spätere Beziehungen.

Wenn-dann-Verknüpfungen: Wenn ich so und so bin, hat man mich lieb.

Ein Mensch, dessen Tank nicht gut oder mit den für ihn falschen Dingen gefüllt wurde, wird es in seinem Leben wahrscheinlich schwerer haben, Liebe anzunehmen, zu erfahren und zu geben. Im Herzen vieler Menschen haben sich in dieser Zeit »Wenn-dann-Verknüpfungen« gebildet: »Wenn ich so und so bin, hat man mich lieb«, »Wenn ich X mache, hat man mich nicht lieb«. Liebe ist also an Bedingungen geknüpft – und diese Bedingungen sind manchmal sehr schwer zu erfüllen. Manch einer ist sich nicht sicher, liebenswert zu sein. Und diese Unsicherheit ist der Nährboden für unsere späteren Beziehungsstrategien. Meist unbewusst entwickeln wir Überlebensregeln: »Pass dich an!«, »Leiste was, dann liebt man dich!«, »Wenn du viel für andere tust, gehen sie nicht weg«, aber auch: »Kontrolliere die anderen«, »Üb Rache«, »Kämpfe!« oder: »Herrsche!«

Im Erwachsenenleben bestimmen uns unsere Beziehungsstrategien oft mehr, als uns bewusst wird. Wenn bei Paaren zum Beispiel die erste Verliebtheit vorbei ist und eine Beziehung enger wird, bekommt sie ein höheres Maß an Verbindlichkeit. Wir »docken« uns dann innerlich beim anderen an und werden in gewissem Maße »abhängig«. Und das ist etwas, was wir schon aus unserer Kindheit kennen. Bei Problemen gehen wir dann unbewusst auf Nummer sicher und greifen auf Strategien zurück, die uns schon lange vertraut sind. Es sind die Verhaltensweisen, die wir als Kind gelernt haben, als wir von unseren Eltern abhängig waren. So haben beispielsweise viele Männer als Kind durch die Abwesenheit der Väter von ihrer Mutter ständig Beziehungsangebote bekommen und gelernt, »artig« zu sein. Später, in ihrer eigenen Beziehung, nehmen sie bei Stress häufig diese Position des »guten Jungen« ein. Typisch sind dann Sätze wie »Ich mach doch alles, was du sagst«. Aber ein braver Junge zu sein und sich zurückzuziehen passt nicht zu erwachsenen Partnern.

Ein nicht geringer Teil der Frauen hat als Mädchen oft die Mutter unterstützt, gelernt, sich um andere zu kümmern und eigene Interessen zurückzustecken. Um den Kontakt zum Vater mussten sie sich bemühen, weil er selten da war. Viele Frauen versuchen heute, Schwierigkeiten in Familiensituationen ähnlich zu bewältigen: durch Rücksicht und den Versuch, den Partner »zum Reden zu bringen«. Doch Rücksicht nehmen und sich passend machen lösen nicht die Probleme.

Es ist wichtig, sich diese Mechanismen klar zu machen und zu sehen, wie sie ineinander greifen. »Wir müssen dringend mal wieder reden« ist ein typischer Satz, mit dem viele Frauen ihren Partner häufig vergeblich zu einem Gespräch auffordern – so wie früher den Vater. Denn die Männer entziehen sich, genau wie sie es gelernt haben, den ständigen Beziehungsangeboten. Erwachsen zu sein ist dagegen der Entschluss, dieses »alte« Verhalten hinter sich zu lassen und den Umgang miteinander neu zu gestalten. Etwa, indem sich beide um Probleme kümmern.

> »Das menschliche Schicksal besteht darin, der Gegenwart mit Erklärungen aus der Vergangenheit zu begegnen.«
> Virginia Satyr

Wir alle haben auf dem Hintergrund unserer Erfahrungen und der gespeicherten Überlebensregeln mehr oder weniger gut funktionierende Strategien entwickelt, auf deren Grundlage wir sehr oft unbewusst handeln – ohne unser Handeln zu reflektieren. Zum Teil ist das wie ein »Familienschatz« – dann, wenn wir gelernt haben, gut mit anderen Menschen und mit uns selbst umzugehen. Leider gibt es aber eben auch so etwas wie »ererbte Familienschulden« – tief eingeprägte Erfahrungen und Schlüsse, die es schwer machen, gute Beziehungen einzugehen. Dadurch produzieren wir immer wiederkehrende negative Beziehungserfahrungen.

Reflektieren Sie:

Haben Sie negative Strategien entwickelt?

Zu den typischen negativen Beziehungsstrategien gehören:

Verleugnung, Vermeidung

Immer nur lächeln …

Gab es in Ihrer Familie Probleme und Konflikte, die »unter den Tisch gekehrt« wurden? Welche?

Gab es Zeiten, in denen Sie sich als Kind verantwortlich dafür fühlten, in Ihrer Familie für Frieden zu sorgen? Wie haben Sie das getan, wie hat diese Rolle Ihre Entwicklung beeinflusst?

Gab es in Ihrer Kindheit »Tabuthemen«, über die nicht geredet werden durfte? Hatten Sie »Familiengeheimnisse«, wie z. B. Suchterkrankungen etc.? Welche waren es?

Versuchen Sie, Begegnungen und Konfrontationen aus dem Weg zu gehen? Gehen Sie dann lieber mal »den unteren Weg« und geben nach? Wie sehen Sie die langfristige Wirkung auf Ihre Beziehungen?

Überraschen Sie sich selbst oft damit, wie sehr Sie Ihre Beziehungsschwierigkeiten herunterspielen?

Merken Sie manchmal, dass Sie das sogar vor sich selbst tun: dass Sie eigentlich meist gar nicht richtig wahrnehmen, wie sehr Sie bestimmte Dinge an Ihrem Partner/an anderen Menschen stören?

Sprechen Sie Dinge nicht an, obwohl es eigentlich nötig wäre? Wie verarbeiten Sie diese Probleme und wie wirkt sich dieses Verhalten langfristig aus?

Wünschen Sie sich oft, Ihre »Kontrahenten« würden sich einfach in Luft auflösen, damit Sie Ihre Ruhe haben?

Versuchen Sie, die Sache »indirekt« anzugehen – indem Sie z. B. ohne irgendetwas zu sagen Tatsachen zu schaffen (z. B. Flaschen verstecken)? Wie sieht das Ergebnis aus?

Geben Sie sich meist selbst die Schuld an den Problemen und schwierigen Situationen in Ihrer Partnerschaft oder haben Sie das Gefühl, nur Opfer zu sein? Wenn ja: Wie wirkt sich diese Einschätzung in Ihrem Verhalten aus?

Schweigen Sie über Ihre eigenen Gefühle und Probleme? Was erreichen Sie durch diese Strategie?

Was empfinden Sie, wenn Sie versuchen, Konflikte und Probleme offen und direkt anzugehen?

Menschen, die mit Verleugnungs- und Vermeidungsstrategien an Probleme herangehen, sind potenzielle Opfer: Sie werden so lange die Augen davor schließen, was in ihrer Beziehung vorgeht, wie irgendwie möglich. Und selbst wenn sie erkennen, was vorgeht, haben sie oft das Gefühl, nichts bewirken oder ändern zu können. Der Wunsch nach Harmonie und Ruhe siegt immer wieder über ihren Wunsch nach geklärten Beziehungen.

»Meine Frau ist eben so. Ich kann sie nicht verlassen, das bringe ich einfach nicht fertig. Ich kann ihr aber auch nichts entgegensetzen. Das einzige Mittel, das ich habe, ist in Überstunden zu flüchten: Und das tue ich auch. Ich versuche, so wenig zu Hause zu sein, wie es geht. Nur so kann ich weitermachen.«

Diese Sätze bringen das Gefühl zum Ausdruck, keine Handlungsmöglichkeit außer Flucht zur Verfügung zu haben. Noch rigoroser wird die Vermeidung in der folgenden Aussage deutlich:

»Er kann nichts dafür, ihm rutscht die Hand aus. Ich bin ja auch oft sehr umständlich und er hat einen sehr anstrengenden Job. Man kann auch nicht wirklich sagen, dass er mich regelrecht schlägt – es kommt halt zwischendurch mal vor ... dann hat er sich eben nicht mehr unter Kontrolle. Es tut ihm hinterher auch immer sehr Leid. Er ist dann ganz verzweifelt und ich glaube, wenn ich ihn dann nicht trösten würde, dann würde er sich am Ende noch was antun.«

Die Strategie »Augen zu!« kann sich übrigens auch ganz praktisch in einem erhöhten Schlafbedürfnis ausdrücken: Die verdrängten Konflikte sind so anstrengend, dass der Verdränger davon ganz erschöpft ist und sich in den Schlaf flüchtet.

Verdeckte Machtspiele: Dominanz und Unterdrückung

»Mein Mann kann tun und lassen, was ich will!«

In jeder Beziehung geht es auch um Einfluss (Macht) und Anerkennung (Liebe). »Macht ist dabei die Möglichkeit, eigene Interessen auch gegen den Widerstand des/der anderen durchzusetzen« (Definition frei nach Max Weber).

Gerade Macht ist für uns oft ein Tabuthema: Wir wollen Sie, aber es ist schwer, das zuzugeben. Dieser innere Widerspruch kann zu verdeckten Machtspielen führen, die sich im Bereich der emotionalen Erpressung besonders verheerend auswirken. Wer nur siegen will, verliert (den anderen).

Wir müssen bereit sein, unsere Einstellung zum anderen immer wieder zu hinterfragen.

Wie hält man es in Ihrer Herkunftsfamilie mit dem »Folgen und Führen«?

Was haben Sie übernommen – was machen Sie anders?

Denken Sie an die unterschiedlichen Bereiche Ihres gemeinsamen Lebens: Wer von Ihnen dominiert was? Und wie?

Denken Sie an Ihre wichtigen Gespräche, an Ihre Streite, Ihre letzte Auseinandersetzung:

- Fühlten Sie sich danach kritisiert oder gekränkt?
- Hatten Sie den Eindruck, für Ihren Partner nicht wichtig zu sein?
- Fühlten Sie sich zurückgewiesen?
- Konnten Sie Ihren Partner gar nicht überzeugen?
- Schränken Sie Ihre Bedürfnisse fast automatisch ein und passen Sie sich Ihrem Partner an?

Welche gemeinsamen Strategien von Einflussnahme werden Ihnen in der Reflexion der letzten Gespräche bewusst?

Beziehungsziel: Macht und Liebe.

Wir können Machtkämpfe nur beenden, wenn wir anerkennen, dass wir kein Anrecht auf die Liebe unseres Partners haben. Alles, was wir bekommen, sind Geschenke. Er muss nicht, und wir müssen nicht.

Siegen macht nur dort Sinn, wo wir gewinnen können. Was aber haben wir gewonnen, wenn sich unser Partner von uns besiegt fühlt?

Eine Auswahl verdeckter Machtspiele:

- verächtliche Bemerkungen, Kleinmachen des Partners
- Erzeugen von Schuldgefühlen, um eigene Zwecke durchzusetzen
- Zurückhalten von Informationen
- Schweigen als Bestrafung, Liebesentzug
- emotionale oder finanzielle Bestechung (wenn... dann) für angepasstes Verhalten
- Verbündung mit Familie, Kinder, Freunden, Ausgrenzung als Strafe

- bedrohliche Andeutungen (»Du wirst schon sehen, was passiert...«)
- »Kampfrhetorik« – Gesprächsführung mit dem Ziel »Sieg auf ganzer Linie!«
- üble Nachrede, dunkle Andeutungen nach außen
- »emotionaler Sturm« als Druckmittel (schreien, toben, weinen, stark depressive Stimmungen als Reaktion auf eine andere Meinung oder nicht geteilte Bedürfnisse)

Welche Machtspiele spielen Sie?

Mit welchen Leuten spielen Sie solche Spiele am ehesten?

Worin sehen Sie die Auslöser?

Haben Sie das Gefühl, häufig selbst das Opfer von Machtspielen zu sein? Woran machen Sie diesen Eindruck fest?

Wie reagieren Sie auf Machtspiele?

Welche versteckten Machtspiele wurden in Ihrer Familie gespielt?

Was war Ihre Rolle?

Wie haben Sie sich dabei gefühlt?

Gegen welche »Spiele« sind Sie »allergisch«?

Machtmittel: Geld, Beziehungen, Gefühle, Drohung, Sex, Hilfe, Religion ... Fast alles kann als Druckmittel benutzt werden.

»Gleichberechtigung fängt beim Zahlen der Rechnungen an« war das immer wiederkehrende Argument eines Mannes, wenn seine Frau auf Familienentscheidungen Einfluss nehmen wollte. »Wer zahlt, bestimmt!«, begründete er so z.B. den Kauf eines sportlichen Autos, das für die Familie eigentlich zu klein und unpraktisch war. Dachte seine Frau deshalb über die Rückkehr in ihren Beruf nach, argumentierte er, dass die drei Kinder eine Kindheit verdienten, in der ihre Mutter ganz für sie da sein könnte, und führte an, genug für alle zu verdienen. So etwas nennt man eine Zwickmühle: Egal, wohin man sich bewegt, kommt man in die Klemme. Als sie sich (ohne Wissen ihres Mannes) Beratung suchte, formulierte sie ihr Problem so:

»Ich soll Geld verdienen, damit ich mit entscheiden darf – aber wenn ich Geld verdiene, bin ich eine schlechte Mutter. Mein Mann würde mir dann jeden Fehler, den die Kinder machen, jede schlechte Note vorwerfen. Das kann ich nicht aushalten.«

Hat ein Partner mehr Geld als der andere und/oder kontrolliert er den Zugang zu dieser Ressource, dann macht er den anderen in einem sehr existenziellen Punkt abhängig von sich. Noch immer kommt es vor, dass Frauen nicht genau über das Einkommen ihres Mannes Bescheid wissen oder kein eigenes Konto besitzen. Umgekehrt gibt es Beziehungen, in denen sie die Finanzministerin ist und er keine Ausgabe ohne ihre Einwilligung tätigen kann.

Was gesellschaftlich und politisch als Herrschaft funktionieren mag, funktioniert in der gewandelten Partnerschaft des Westens meist nicht lange. Im Rahmen von Partnerschaft führt eine Machtkonstellation innerhalb weniger Jahre zur Ohnmacht. Es gibt Opfer und Täter, wobei beide abwechslungsweise beide Rollen spielen können, bald sie, bald er, bald sie, bald er, ein logischer Zirkel, ein Spiel, bei dem beide verlieren.

Welche Machtressourcen gibt es noch?

Konkret hat der Macht, der sich durchsetzt bei den Entscheidungen um Wohnsitz und Laufbahn, um Einladungen und Besuche, um Freizeitaktivitäten und Hobbys, um Einrichtungen und Anschaffungen. Faktisch hat der das Sagen, der die alltäglichen Muster betreffs Ordnung, Zeiteinteilung oder Zuständigkeiten bestimmt, wer Zeiten für das Gespräch, für Erotik und Sexualität, für Vergnügen und Pflichten durchsetzt. Aus allem und jedem kann ein Machtkampf werden, wenn Macht als Herrschaft verstanden wird und wenn Geld oder Einfluss als Mittel zur Macht eingesetzt werden.

Auch Beziehung ist eine Machtressource. Wenn zum Beispiel die Frau den ganzen Tag mit den Kindern zusammen ist, muss sie ihrem Mann Informationen über die Entwicklung der Kinder geben, damit er den »Anschluss« nicht verliert. Tut sie das nicht oder interessiert sich der Mann dafür nicht, besitzt sie die alleinige Macht über den Bereich »Beziehung zu den Kindern«. Manche Väter versuchen dann durch besonders autoritäres Gehabe ihre Frau zu »entmachten«, meist ohne Erfolg. Irgendwann sehen sie keine andere Möglichkeit, als ihre Macht »Ich verdiene hier schließlich das Geld!« gegen die Macht ihrer Frau auszuspielen.

Eine weitere Machtquelle ist die körperliche Attraktivität. Der weniger »Bedürftige« kann durch sexuelle Lustlosigkeit oder Verweigerung Macht über den anderen ausüben. Er versperrt ihm den Zugang zu der Machtressource Attraktivität und Sexualität und macht ihn dadurch abhängig.

Natürlich ist auch der Beruf eine Machtressource. Wer berufstätig ist, hat ein gewisses Ansehen und damit auch Macht. Dem nicht Berufstätigen ist diese Machtressource versperrt. In manchen Beziehungen kann auch ein falsches Verständnis einer auf der Grundlage christlicher Prinzipien geführten Ehe zu einem Machtgefälle führen. Mit der Argumentationshilfe »Das ist Gottes Wille!« lässt sich viel durchsetzen.

Gefragt wäre in diesem Bereich eigentlich »Macht« in einem tieferen Sinn, im Sinne von »Kraft«. Es ginge dann nicht darum, einen Machtkampf zu gewinnen, sondern darum, sich selbst und den Partner/die Partnerin zu bemächtigen, Kraft/Macht zuzulassen – bei sich selbst und beim Partner. Das wäre die Überwindung von Angst vor der Stärke des anderen Menschen oder der Angst vor dem andersgeschlechtlichen Partner. Das wäre Vertrauen in den andern, Mut zu sich zu stehen, sich zu öffnen, das Gespräch zu pflegen und dabei all die Konflikte anzugehen, die zum normalen Zusammenleben gehören. Bei dieser Variante gibt es keine Sieger und Verlierer. Es gibt zwei Gewinner, die sich miteinander einigen, gemeinsame Lösungen finden oder abwechselnd da »zurückstecken«, wo es möglich und angemessen ist. Das Stichwort für diese Art der Konfliktlösung lautet »gegenseitige Achtung«. Für diese Form des Machtgebrauchs braucht es allerdings »fried-fertige« Menschen mit dem sanften Mut, Unterschiede zu schätzen und Konflikte zu lösen.

Rivalität und Konkurrenz

Auch Rivalität und Konkurrenz sind Kräfte, die in Beziehungen wirksam werden. Wer ist besser, schneide ich schlechter ab, wer wird mehr geliebt, auf wen wird mehr gehört. Das alles sind Fragen, mit denen wir uns viel öfter beschäftigen, als wir es gern zugeben würden. Neid, Eifersucht und Minderwertigkeitsgefühle sind seelische Zustände, die aus diesen Kräften gespeist werden.

»Ich war so was wie das ›Friedenskind‹ in unserer Familie. Ein Nachkömmling, gezeugt, als meine Eltern eigentlich auseinander gehen wollten. Wegen mir blieben sie dann zusammen, so hat meine Mutter mir das später jedenfalls vermittelt. Aber ich glaube heute, sie haben mich unbewusst deshalb gezeugt, um ihre Beziehung zu heilen. Hat nur leider nicht geklappt, obwohl sie bis zum Schluss zusammenblieben. Mein Vater und ich liebten uns sehr, als ich klein war. Er nahm mich mit, egal ob in den Wald oder in die Kneipe. Wir sangen miteinander, zweistimmig. Ich war glücklich und er war stolz auf mich. Meine Mutter hatte nicht gern, dass ich mit ihm unterwegs war. Später sagte sie mir: ›Erst hat er dich nicht gewollt, und jetzt macht er einen auf Supervater!‹ Ich spürte, dass es ihr nicht recht war und war hin- und hergerissen. Ich liebte ja beide. Meine Mutter erzählte mir viel: Je älter ich wurde, je mehr erzählte sie mir von ihrem Leben: von schlimmen Kriegserlebnissen, wie in Dresden die Leichen der verbrannten Napalmbombenopfer auf Kindergröße zusammenschrumpften – und zunehmend über schlimme Erlebnisse mit meinem Vater. Dass er getrunken hatte, dass er sie betrogen hatte, dass er sie mit der Arbeit im Stich ließ. Davon wusste ich schon mit 6 Jahren, während sie mit meinen älteren Geschwistern anscheinend nie darüber geredet hat, höchstens noch mit meinem ältesten Bruder. Ich hatte das Gefühl, ich müsste wählen zwischen den beiden, als wäre meine Mutter in einer ständigen Konkurrenz mit meinem Vater, und jede Stunde, die ich mit ihm glücklich verbrachte, war eine Niederlage für sie. Ich spürte, dass sie mich brauchte – und schließlich wusste ich ja jetzt, dass mein Vater ›schuld‹ an allem war.«

Reflektieren Sie:

Wer ist besser, wer investiert mehr in diese Beziehung, wer liebt mehr, wer opfert sich mehr auf?

Wie verhalten Sie sich in Konkurrenzsituationen?

Wann und in welchen Situationen/mit welchen Menschen gehen Sie innerlich in Konkurrenz?

Wie fühlen und verhalten Sie sich in der Gegenwart solcher/dieser Personen?

Welche Strategien werden dabei angewendet?

Welche Bedeutung hatte Konkurrenz in Ihrer Familie und Ihrer Erziehung?

Welchen Platz/welche Rolle hatten Sie als Kind in Ihrem Elternhaus/Geschwisterkreis?

Wie und um was wurde in Ihrer Familie konkurriert (offen, verdeckt, als Spiel oder Wettkampf, als schwelendes Gefühl)?

Wer konkurrierte mit wem?

In Familien gibt es jede Menge Anreize, in Konkurrenz zu gehen:

Mütter und Schwiegertöchter konkurrieren: Wer sorgt besser für »den Jungen«?

Eltern konkurrieren: Wer wird von den Kindern mehr geliebt? Wer ist das bessere Elternteil?

Geschwister konkurrieren: Wer wird mehr geliebt? Wer hat mehr Einfluss?

Paare konkurrieren: Wer liebt mehr? Wer bringt mehr Opfer? Wer ist stärker? Wer verdient mehr Schonung?

Und so weiter, und so weiter …

Würden wir unseren Gesprächen im Nachhinein unbelastet zuhören können, würden wir manches Entlarvende entdecken.

Aus einem Gespräch mit jungen Eltern zum Thema »Wer ist erschöpfter? – Wer opfert sich mehr auf?«:

Sie: »Ich würde mich halt gern mal wieder etwas erholen. Die Kleine kommt jede Nacht 3 – 4 Mal, um 4.00 Uhr ist die Nacht meist um. Und tagsüber ist ja auch kaum Zeit. Ich habe ein furchtbares Schlafdefizit.«

Er (zunehmend lauter werdend): »Immer dasselbe Thema! Dann erhol dich doch einfach mal! Ich versuch doch alles, aber du machst ja nichts!! Ich habe auch einen langen Arbeitstag, aber ich kümmere mich trotzdem noch um die Kleine, sobald ich zu Hause bin. Aber du gehst ja nicht weg und machst was für dich, was du angeblich ja so nötig hast, sondern du wedelst immer um uns herum, als würde ich die Kleine fallen lassen, sobald du nicht mehr die Oberaufsicht führst. Und ich stehe nachts auch immer wieder auf, das kriegst du gar nicht mit, da schläfst du nämlich! Und, beschwer ich mich? Nein!«

Sie (mit schwacher Stimme): »Ich trage nun mal die Hauptlast mit dem Kind, gerade weil du einen langen Arbeitstag hast! Ich würde auch gern mal rauskommen, meine alten Kolleginnen wieder sehen.«

Er (mit trotzigem Gesichtsausdruck und verschränkten Armen): »Dann geh doch! Es hindert dich doch keiner! Du hast doch entschieden, zu Hause zu bleiben, solange das Kind so klein ist!«

Sie (inzwischen sehr ärgerlich): »Okay! Thema abgeschlossen! Ich kümmere mich allein um das Kind! Das ist nur mein Job, du brauchst dich nicht einzumischen! Geh du arbeiten, ich habe mein Arbeitsfeld hier zu Hause und ich komme auch klar damit! Aber dann halt dich auch raus und lass mich das so machen, wie ich es will!«

Wir streiten uns häufiger als wir denken um Konkurrenzfragen. Da wir das aber nicht zugeben wollen, entwickeln wir immer wieder »Pseudo-Lösungen« – Reaktionen aus einer gekränkten Haltung heraus, die trotzig einen Zustand manifestieren, den wir eigentlich so nicht wollen. Das eigentliche Konfliktthema bleibt da oft unbearbeitet – und so bereiten wir den Boden für viele Folgekonflikte.

Emotionale Manipulation und emotionale Erpressung

> »Es gibt kaum ein Unterfangen, das mit so ungeheuren Hoffnungen und Erwartungen begonnen wird und das mit einer solchen Regelmäßigkeit fehlschlägt wie die Liebe. Wäre das auf irgendeinem anderen Gebiet der Fall, so würde man alles daran setzen, die Gründe für den Fehlschlag herauszufinden und in Erfahrung zu bringen, wie man es besser machen könnte – oder man würde es aufgeben. Da Letzteres im Falle der Liebe unmöglich ist, scheint es doch nur einen richtigen Weg zu geben, um ein Scheitern zu vermeiden: Die Ursachen für dieses Scheitern herauszufinden und außerdem zu untersuchen, was Liebe eigentlich bedeutet.«
> Erich Fromm, Die Kunst des Liebens

»Wenn du es nicht machen willst, dann muss ich es eben wieder einmal selbst machen.«

»Na ja, dann kommst du eben nicht. Ich werde irgendwie schon alleine zurechtkommen.« (gesprochen mit weinerlicher Stimme)

»Ich will doch nur dein Bestes!«

»Du wirst schon sehen, was du davon hast!«

»Keiner kann das so wie du!«

»Wenn du das tust, ist es aus mit uns.«

»Du darfst mich nie verlassen, alleine schaff ich das Leben nicht!«

Was lösen solche Sätze in Ihnen aus?

Höchstwahrscheinlich fühlen Sie sich schuldig – oder wütend.

Fallen Ihnen aus Ihrem Umfeld Sätze und Handlungen ein, durch die Sie sich »erpresst« fühlen?

Und jetzt überlegen Sie bitte: Durch welche Ihrer Aussagen und Handlungen könnten sich Ihr Partner oder enge Freunde von Ihnen »erpresst« fühlen?

Was ist emotionale Erpressung?

Gegenseitige emotionale Beeinflussung gehört zu unserem Alltag.

Es gibt unzählige Strategien, wie wir uns gegenseitig beeinflussen und in eine bestimmte Richtung zu drängen versuchen.

Jeder Mensch benutzt manchmal Strategien aus der Trickkiste der emotionalen Manipulation. Manipulation funktioniert dort, wo ich durch gelenkte Informationen, durch In-den-Raum-Stellen von Behauptungen und/oder durch emotionale und soziale Beeinflussung zu einem bestimmten Ergebnis komme und andere Menschen alternative Sichtweisen und ihren eigenen Entscheidungsspielraum nicht mehr erkennen können.

Wie schon dargestellt, versucht jeder Mensch, andere zu beeinflussen und in seinem Sinne umzustimmen. Wir haben in unserer Kindheit die Erfahrung gemacht, dass ein schlechtes Gewissen uns und andere bereit macht, »klein« beizugeben. Auch unsere Eltern haben ab und zu Schuldgefühle als Erziehungsmittel eingesetzt.

Vorwürfe wie »Wie konntest du mich nur so behandeln?«, »Von dir hätte ich das am allerwenigsten erwartet«, »Die ganze Zeit warte ich hier auf dich, aber dir ist das ja egal«, »Wie kann einem denn so was passieren, das zeigt, wie du zu mir stehst«, »Gemein, wie du dich mir gegenüber verhältst«, »Wenn man sich liebt, dann macht man das nicht«, »Wenn du mich lieben würdest, hättest du …«, »Na ja, dann mach ich es eben selbst«, »Ich hatte mich so gefreut, aber wenn du es eben nicht möglich machen kannst …«, »Und du willst Christ sein …?«, »Du bringst mich noch ins Grab, wenn du so weitermachst« sind schon fast jedem über die Lippen gekommen. Mit der richtigen Betonung lösen solche Sätze enorme Schuldgefühle in uns aus und führen nicht selten dazu, dass wir den Wünschen des anderen nachgeben – oft wider besseres Wissen. Manche »Erpresser« sind geschickte Manipulatoren und belohnen ihre Mitspieler mit tröstlicher Intimität, nachdem sie bekommen haben, was sie wollen.

> »Die Bedeutung der Gegenwart besteht darin, dass wir das Vergangene hinter uns lassen und das Jetzt, so wie es ist, betrachten. Erfahrungen werden dann wieder zu Vergangenheit und bilden die Grundlage für eine neue Gegenwart und die Zukunft.«
> Virginia Sartyr

Andere setzen Schuldgefühle meist dann ein, wenn sie sich verletzt fühlen oder »eine Rechnung mit uns offen haben« – als Rache oder Bestrafung. Sie hoffen heimlich, dass wir uns ändern, weil wir uns schlecht fühlen. Der Partner muss dabei nicht selten raten, für welches Verhalten er oder sie gerade bestraft wird. Häufig verwenden sie dabei Worte wie »man« oder »alle«: »Man tut nicht« oder »Man tut« oder »Alle sagen …«, um sich quasi noch Rückendeckung von der Allgemeinheit zu holen. Sie tun so, als ob sie allgemeingültige Regeln vertreten, in Wirklichkeit sind es jedoch meist nur ihre eigenen. Eine weitere Variante besteht darin, sich eine größere Macht als Verbündeten zu suchen. Zum Beispiel ist der Satzanfang »Gott sagt …« aus dem Mund eines »Erpressers« wie eine Waffe: »Nicht nur ich, sondern auch Gott verurteilt dein Tun. Gegen mich magst du vielleicht noch ankommen, aber willst du dich gegen Gott stellen?« Ganz abstellen lassen sich diese Spiele wahrscheinlich nicht. Aber es ist gut, diese Muster bei sich und anderen zu kennen, um besser damit umgehen zu können.

Manipulation wird durch »Erfolg« verstärkt.

Mit unseren Manipulationen zielen wir meist auf die Gefühle unseres Gegenübers und setzen selbst ebenfalls Gefühle ein. Das ist noch kein großes Problem, obwohl es »nervt«. Es ist klug, sich über diese Techniken einmal klar zu werden und sie öfter einfach zu lassen. Das Problem damit ist nämlich:

Weil emotionale Beeinflussung oft so »gut« wirkt, werde ich ja für mein Verhalten jedes Mal »belohnt«. Und so kann sich meine Tendenz, andere zu manipulieren, immer mehr ausweiten.

Wie sieht Ihre »Hitliste« der »Manipulationsmethoden« aus?

Wie manipulieren Sie?

Worauf fallen Sie besonders leicht herein?

Emotionale Erpressung benutzt dasselbe Ausgangsmaterial, aber in stärkerem Ausmaß und mit den 2 Zielen, die Beziehungen nun mal beherrschen: Macht und Liebe. Und jede Form von Kritik führt nur dazu, dass noch »härtere Seiten« aufgezogen werden. Der aktiv Aggressive bestraft seine Umwelt dann lautstark, der passiv Aggressive straft durch Rückzug, Leiden und Entzug von Liebe und Kommunikation.

Wer sich so manipuliert fühlt, hat in der Regel zwei Möglichkeiten:

1. Er richtet sich nach den Vorstellungen des anderen – fühlt sich aber schlecht und gezwungen.
2. Er verweigert den Wunsch des anderen, bezahlt das aber mit einem schlechten Gewissen und Schuldgefühlen.

Beide sind Gefangene – und das ist Gift für jede Beziehung

- Beide, sowohl der »Täter« als auch das »Opfer«, beschneiden sich so massiv in ihrem Handlungsspielraum und werden in einer selbst gewählten Gefangenschaft immer abhängiger voneinander.
- Das Leben verliert so mehr und mehr seinen Reiz, man wird immer lustloser und kraftloser, weil man sich nicht traut das zu tun, worauf man spontan Lust hat.
- Man ist abgeschnitten von den eigenen Gefühlen und Empfindungen, von der eigenen Lust und Unlust.

Symptome emotionaler Erpressung

Susan Forward beschreibt in ihrem Buch »Emotionale Erpressung« sechs Symptome emotionaler Erpressung:

1. Forderung

Der »Erpresser« stellt an seine Mitspieler ausgesprochene oder auch unausgesprochene Forderungen. Diese sind manchmal gar nicht auf den ersten Blick als solche zu erkennen, sie können sogar sehr liebevoll oder fürsorglich erscheinen. Das Typische ist aber: Sie unterscheiden sich von einem Wunsch oder einer Bedürfnisäußerung dadurch, dass in ihnen das weitere Vorgehen festgelegt ist und es keinen Raum mehr für Diskussionen oder Veränderungen gibt. Manchmal wird diese Forderung nicht ausgesprochen, sondern durch Verhaltensänderung kommuniziert. Der »Erpresser« drückt dann nicht deutlich aus, was er will, sondern ändert nur sein Verhalten und überlässt es seiner Umwelt herauszufinden, um was es geht. Beispiel: Anna will wie jedes Jahr nach Italien fahren, Peter würde dieses Jahr gern mal wieder an die Nordsee, ist aber auch bereit, Alternativen zu suchen, in denen die Vorstellungen beider vorkommen. Er versucht, mit Anna Ideen zu sammeln: »Was wünsche ich mir dieses Jahr im Urlaub?« und will mit ihr verschiedene Prospekte durchsehen. Anna geht zwar mit ihm ins Reisebüro, ist aber schon beim Frühstück sehr schlecht gelaunt und lässt mit tragischer Miene immer wieder Sätze los wie: »Ich weiß nicht, ob ich dieses Jahr überhaupt in Urlaub fahren will. Das ist doch alles sowieso Quatsch, ich habe gar keine Lust …«

2. Widerstand

Forderungen, seien sie nun offen oder verdeckt, rufen oft den Widerstand des Gegenübers hervor. Das ist ganz natürlich und normal. Dieser Widerstand kann ebenfalls offen oder verdeckt erfolgen. Ein offener Widerstand ist leicht zu erkennen, er besteht nur in einem einzigen Satz: »Nein, ich will nicht.« Der verdeckte Widerstand arbeitet mit Ausflüchten, Rückzug, dem Versuch, andere Tatsachen zu schaffen (»Jetzt habe ich ganz preiswert ein wunderschönes Ferienhaus an der Nordsee entdeckt und ich konnte einfach nicht widerstehen …«). Eine rationale Antwort auf diese Entwicklung wäre zum Beispiel, den Interessenkonflikt möglichst klar zu benennen und eine für beide tragbare Lösung zu finden. Peters Versuch, mit Anna zusammen nach einem Urlaubsort zu suchen, der beiden gefällt, geht in diese Richtung. Gelingt das aber nicht, entwickelt sich die Situation immer mehr zu einem Kampf.

3. Druck

Als Anna klar wird, das Peter nicht so einfach mit nach Italien fahren wird, versucht sie nicht, seine Beweggründe zu verstehen, sondern sie drängt ihn, seine Meinung zu ändern. Neben der schlechten Stimmung, die von Anna ausgeht, benutzt sie Peters Haltung als Beweis für seine fehlende Rücksichtnahme und Liebe und schildert ihre eigenen Argumente im positivsten Licht: »Ich will doch nur, dass wir beide an einen Ort fahren, wo wir uns in der Sonne richtig erholen. Ich weiß doch, wie gestresst du bist, und es hat uns doch in den letzten fünf Jahren so gut da gefallen. Erinnerst du dich noch, wie wohl du dich immer gefühlt hast? Ich erhole mich nirgends so gut wie dort und es ist doch nur eine Kleinigkeit, die ich von dir erwarte! Wenn du nicht so egoistisch wärest – du weißt doch, wie nötig ich ein wenig Sonne habe …« Anna wechselt zwischen Druck und Belohnung: Wenn Peter sich in ihre Richtung bewegt, wird ihre Stimmung gut und sie belohnt ihn mit Zuwendung, argumentiert er »falsch«, zieht sie sich zurück, wird abweisend und wirft ihm fehlende Rücksichtnahme vor.

4. Drohung

Da Peter immer noch nicht nachgibt, lässt Anna deutlich werden, dass sein Verhalten Konsequenzen hat. »Gut, dann fährst du einfach allein an die Nordsee und ich bleibe hier« ist z. B. nur auf den ersten Blick ein großzügiges Angebot. Eigentlich bedeutet es: »Du wirst verantwortlich sein, wenn ich gar keinen Urlaub bekomme!« Drohungen können in sehr unterschiedliche Richtungen verlaufen: Der Erste droht mit Liebesentzug oder Trennung, der Zweite mit Depressionen, der Dritte mit einem Wutanfall, der Vierte mit Krankheit und der Fünfte mit Gewalt.

5. Unterwerfung

Kennen Sie das Sprichwort »steter Tropfen höhlt den Stein«? So unterhöhlen irgendwann Drohung und Druck die Widerstandskraft des Partners und er oder sie gibt nach. In unserem Beispiel platzt Peter irgendwann der Kragen und er schimpft: »In Ordnung, wenn es denn unbedingt Italien sein muss, dann eben Italien. Aber dann hörst du auf zu nörgeln!!!« Und im selben Moment hört Anna auch auf: »Ach Schatz, das ist so lieb von dir! Du weißt ja, wie viel mir das bedeutet!« Und es herrscht wieder Frieden, die Begegnungen sind entspannt und von Anna und Peter fällt alle Anspannung ab. So ist es meist auch »im wirklichen Leben«: Gibt der Partner nach, ist das Bedürfnis des Erpressers erfüllt, fällt die Spannung ab und die Situation ist wieder entspannt – bis zum nächsten Mal.

6. Wiederholung

Wir lernen aus unseren Beziehungssituationen, und das geschieht auch im Falle emotionaler Erpressung.

Hat das Zusammenspiel von

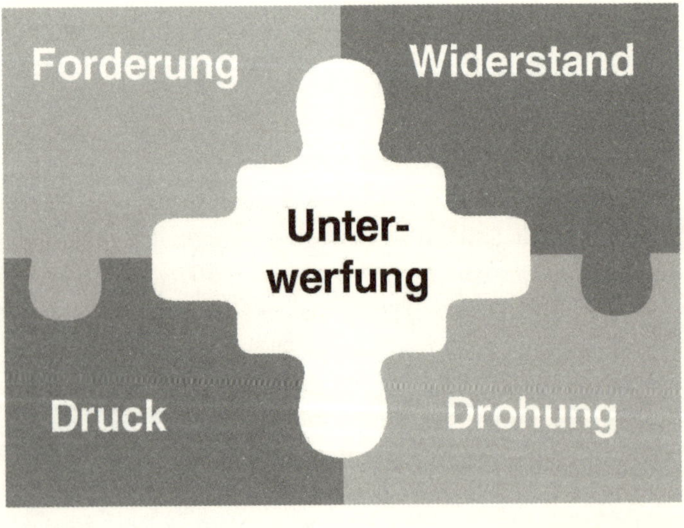

sich erst einmal eingespielt, haben die Beteiligten ihre Lektion für das nächste Mal gelernt.

Peter hat gelernt, dass er am schnellsten seine Ruhe bekommt, wenn er nachgibt, und Anna, wie sie ihre Ziele erreichen kann. Mit etwas Pech ist das der Beginn einer endlosen Kette ähnlicher Erfahrungen.

Richtig gefährlich wird dieses Spiel eben erst, wenn sich solche Strategien zwischen Menschen verfestigen.

In der Auswahl unserer »Erpresserstrategien« sind wir frei. Die wichtigste Unterscheidung besteht darin, ob aktiv oder passiv ausgeübte Aggressionen zum Einsatz kommen.

Aktive und passive Aggression

Erpressung ist immer aggressiv, auch wenn der Erpresser auf den ersten Blick nicht so wirkt.

Das deutsche Wort Aggression hat sich aus dem Begriff *agredi – vorangehen/einnehmen* entwickelt. Es geht also darum, in das Gebiet meines Gegenübers einzudringen oder/und mein eigenes Gebiet zu erweitern.

Die schlimmste Form der Erpressung ist dabei *aktiv aggressives Verhalten* mit Bestrafung, lautstarken Beschimpfungen und Einschüchterungen. Es gibt eine Form von verbaler Gewalt, die man auf den ersten Blick vielleicht gar nicht als Gewalt erkennt. Sätze wie: »Du bist nichts wert!« oder »Du wirst schon sehen, was du davon hast«, »Wenn ich ausflippe, bist du selber schuld«. Mit Druck und Drohungen wird versucht, beim anderen Anpassung zu erreichen. Manche Eltern halten so was für Erziehung, allerdings ist dieses Verhalten auch unter Jugendlichen sehr verbreitet. Statistiken sagen, dass verbale, aber auch körperliche Gewalt in Beziehungen viel häufiger vorkommt, als man gewöhnlich annimmt.

»Meine Mutter sagte von sich selbst, sie würde eine konsequente Erziehung vertreten. Das bedeutete zum Beispiel, dass sie den Spruch »Wer sein Kind liebt, der spart nicht mit der Rute« ganz ernst nahm. Neben unserer Wohnungstür hing an einem Haken ein Lederriemen. Der war vom Opa, er hatte daran sein Rasiermesser geschärft oder so. Damit wurde ich, wenn meine Mutter böse mit mir war, bestraft. Ich musste den Riemen dann selbst holen und ihn zu ihr bringen. Und ich musste sagen, weshalb ich diese Strafe verdiente. Ich wusste es manchmal nicht genau, deshalb sagte ich meist »Weil ich böse war«, und manchmal genügte das auch. Aber manchmal nicht, dann schlug sie mich, weil ich nicht wusste, weshalb sie mich schlug. Dieser Riemen war das Letzte, was ich sah, wenn ich aus dem Haus ging, und das Erste, was ich beim Heimkommen sah. Ich seh ihn noch heute in meinen Träumen.«

Aktiv aggressives Verhalten ist manchmal auch mit Suchtproblemen verknüpft. Reagiert der Partner nicht wie erwartet, wird er nicht nur mit Wut, sondern auch noch mit einem neuen Ausbruch von Suchtverhalten konfrontiert. Die offene Aggression hat so noch die »Entschuldigung« der Sucht – der Aggressor ist sozusagen für »seine Handlungen nicht zurechnungsfähig«. Da lernt das Umfeld ganz schnell, was man sagen und tun darf und was nicht.

Reflektieren Sie:

Haben Sie in Ihrer Kindheit auf sich oder andere Familienmitglieder bezogen passive Gewalt, also Beschimpfungen oder negative Festlegungen, z. B. »Aus dir wird nichts« erlebt? Wenn ja: Wie hat sich das in Ihrem Leben ausgewirkt?

Gab es in Ihrer Familie aktive Gewalt, also Schläge, Verweigerung von Essen oder Schlaf über längere Zeit, unkontrolliert aggressives Verhalten eines Angehörigen gegen Sachen (z. B. Zertrümmern der Einrichtung), Gewalt gegen Tiere oder sexuelle Gewalt?

Wenn ja: Wie haben Sie sich gefühlt?

Welche Strategien haben Sie entwickelt, um mit diesen Bedrohungen fertig zu werden?

Welche Auswirkungen entdecken Sie heute in Ihrem Leben?

Haben Sie Angst vor dem nächsten Wutausbruch oder der nächsten verbalen Attacke Ihres Partners?
Wie reagieren Sie auf diese Angst?

Denken Sie, er oder sie könnte eigentlich »nichts dafür«, oder sehen Sie die alleinigen Auslöser für das zerstörerische Miteinander in Ihrem Partner?
Was bewirkt das in Ihnen?

Versucht man Ihnen einzureden, Sie seien schuld an diesen Ausbrüchen – weil Sie so unmöglich, schlampig, langsam, gemein, dumm usw. sind?
Was fühlen Sie? Wie verhalten Sie sich?

Achten Sie schon beim Hereinkommen des Partners ängstlich auf seine Stimmung? Was bewirkt das in Ihnen?

Werden Sie beschimpft? Mit welchen Worten? Welche Haltung Ihnen gegenüber wird darin deutlich?

Wenn Sie davon ausgehen, dass Beziehung immer ein Wechselspiel zwischen zweien ist: Was ist Ihr Anteil an diesem Spiel?

Bei der *passiven Form*, der unterschwellig manipulierenden Erpressung, redet man seinem Gegenüber permanent ein schlechtes Gewissen ein und macht deutlich, wie enttäuscht und traurig man über sein Verhalten ist. Der »Erpresser« sieht sich selbst dabei meist als Opfer, als Leidenden, dessen Wünsche und Bedürfnisse mit Füßen getreten werden.

Ein Beispiel aus meiner Praxis:

> Eine Mutter bekommt jedes Mal, wenn ihr (inzwischen 43-jähriger) Sohn eine Freundin hat, Herzprobleme. Sie braucht natürlich dann gerade seine Hilfe

und Unterstützung, und die Gegenwart seiner Freundin regt sie zu sehr auf, so dass er allein kommen muss. Wenn er etwas anderes vorhat, flüstert sie mit ersterbender Stimme ins Telefon: Ich weiß ja, du hast keine Zeit für deine alte Mutter. Ist schon in Ordnung, ihr jungen Leute habt ja euer eigenes Leben. Sag, wenn ich einmal tot bin, hätte ich gern, dass du mein Klavier bekommst. (Schweigen, Seufzen.) Ich mach dann jetzt mal Schluss, machs gut, mein Sohn.« Und der Sohn sitzt entweder mit einem furchtbar schlechten Gewissen zu Hause oder macht sich seufzend auf. Sein Problem: Er sah einfach keinen Ausweg aus dieser Klemme. Versteckte er seine Freundin, hatte er ein schlechtes Gewissen ihr gegenüber, aber das Risiko, seine Mutter in den Tod zu treiben, wollte er auch nicht eingehen.

Es hat lange gedauert, bis er aufhörte, sich nur als Opfer zu sehen, das nichts tun kann, um seine Situation zu verändern. Als er diesen Schritt aber einmal getan hatte, setzte er sich noch einmal ganz neu mit dem Satz »Du sollst Vater und Mutter ehren« auseinander und fand heraus, wie er das leben wollte. Er traf klare Absprachen mit seiner Mutter, verabredete sich mit ihr von sich aus zu regelmäßigen (aber kürzeren und selteneren) Besuchen, mutete ihr zu seine Freundin kennen zu lernen und vor allem: Er übte, ihrem Druck standzuhalten.

Passive Erpressung kann sogar vollkommen ohne Worte auskommen. Gar nichts zu sagen oder zu tun, bedeutungsvolle Gesten und Blicke, Kommunikationsentzug, Liebesentzug, Verweigerung von Sexualität … All das sind Methoden aus dem Handwerkskasten der Erpressung.

Wo emotionale Erpressung in einer Beziehung wirksam wird, verändert sich die Atmosphäre zwischen den Beteiligten: Das gemeinsame Leben wird anstrengend, es wird schwer, unbelastet und spontan zu handeln. Ich setze mich nicht mit meinem Gegenüber auseinander, sondern versuche, es durch mein Verhalten zu beeinflussen. Sollte der Erpresste sich beschweren, hat er eigentlich keine Chance: Ich habe schließlich gar nichts gesagt.

Reflektieren Sie:

Fühlen Sie sich in Ihrer Beziehung oft schuldig, haben Sie ein schlechtes Gewissen? Wenn ja: Liegt der Auslöser mehr in Ihnen selbst (Anzeichen: Sie erleben diese Gefühle sehr häufig in wechselnden Zusammenhängen) oder in Haltungen und Äußerungen Ihres Partners?

Welche Äußerungen fallen Ihnen da ein?

Sehen Sie sich die aufgeschriebenen Äußerungen an und finden Sie heraus, ob Sie versteckte Botschaften darin entdecken. Welche sind es und wie werden sie vermittelt?

Welche Verhaltensweisen/Reaktionen lösen bei Ihnen ein schlechtes Gewissen aus?

Welche (verdeckten) Botschaften lesen Sie aus diesen Verhaltensweisen heraus?

Wie sind Sie bisher damit umgegangen?

Mit welchem Ergebnis?

Höchster Alarm: Kritik verboten!

»Wie kannst du nur annehmen ...?«
»Ich bin zutiefst enttäuscht, dass du das denkst!«
»Ich an deiner Stelle wäre da mal ganz schön still!«
»Sie sind nicht in der Position, mich zu kritisieren.«

Solange noch Kritik möglich ist, solange der andere also signalisieren kann, wie das Verhalten des »Beeinflussers« auf ihn wirkt, ist die Sache schwierig, aber nicht hoffnungslos. Wir müssen uns dann zwar miteinander auseinander setzen, um Lösungen zu finden, mit denen alle umgehen können, aber der Versuch, solche Lösungen herzustellen, wird nicht »bestraft« und verleugnet, sondern akzeptiert und unterstützt. Und so kann eine solche Situation letztlich sogar die Qualität der Beziehungen verbessern.

Versuchen Sie deshalb, an Ihrer Kritikfähigkeit zu arbeiten. Wenn Sie kritisiert werden, hören Sie gut zu!

Was sagt Ihr Gegenüber über Sie?

Was sagt Ihr Gegenüber über sich selbst, die eigenen Wünsche, Bedürfnisse und Ängste?

Haben Sie das Gefühl, die Kritik könnte berechtigt sein? Dann stehen Sie zu Ihrem Verhalten. Akzeptieren Sie die Kritik.

Finden Sie keinen Anknüpfungspunkt für die Kritik, und sind Sie der Meinung, sie sei unberechtigt? Sagen Sie Ihrem Gegenüber, dass Sie das im Moment nicht nachvollziehen können, aber weiter darüber nachdenken werden. Und dann tun Sie das auch! Im Kapitel über die Auswege aus der Machtfalle bekommen Sie hierzu noch mehr Ideen und Tipps.

Erpresser bekommen Macht – aber sie wollen meist auch Liebe

Es gibt ein Problem bei allen Methoden der Manipulation und Erpressung: Man kann zwar unter Umständen Macht über den anderen erlangen, aber das andere erstrebte Ziel, Liebe, ist so nicht zu bekommen. So bekommt der »Erpresser« unter Umständen, was er wollte, bleibt aber letztlich oft enttäuscht zurück. Und startet die nächste Runde, um doch noch zu seinem Ziel zu kommen.

Emotionale Erpressungsversuche hat fast jeder von uns schon erlebt. Die Erpresser – der Partner, Freunde, Eltern, Gemeindemitglieder, Vorgesetzte – erspüren genau die Schwächen ihrer Mitspieler und nutzen sie aus. Denn wer mit Gefühlen unter Druck gesetzt wird, kann sich nur schwer wehren. Schließlich steht die gute Beziehung auf dem Spiel. Doch gehören immer zwei dazu – wir entscheiden selbst, ob wir die Erpressung zulassen.

Vielleicht empfinden Sie den Begriff der »Erpressung« als zu stark für die beschriebenen Vorgänge. Er wurde von der amerikanischen Psychologin Susan Forward geprägt, die als Erste dieses Phänomen beschrieb. Es fällt uns nicht leicht, nahe stehende Menschen oder auch uns selbst mit »Erpressung« in Verbindung zu bringen. Ich bin aber überzeugt, dass dieser Begriff das Problem sehr gut trifft. Wenn wir erpresserisches Verhalten klar benennen, steigen unsere Chancen, uns und damit auch unsere Beziehungen zu verändern. Das Ziel dieses Buches besteht aber nicht darin, Ihnen Schuldgefühle zu vermitteln oder Hass auf »Erpresser« in Ihnen zu schüren. Im Gegenteil: Sie werden beim Lesen erkennen, dass Hass und Schuldgefühle Ihnen auf einem Veränderungsweg nur im Wege stehen.

Also: Versuchen Sie sich auf unser Thema einzulassen. Spüren Sie nach, wo Sie zur Erpressung neigen oder anfällig für »Erpressungsmethoden« sind. Und entdecken Sie die Wege der Veränderung.

Zur Vertiefung möchte ich Ihnen noch eine Reihe von Fragen zur Selbsteinschätzung anbieten, die das bisher Geschriebene noch einmal zusammenfassen und vertiefen. Wenn Sie sie für sich selbst beantwortet haben, könnte es interessant sein, einen guten Freund oder eine Freundin darum zu bitten, Ihnen einmal ihre Einschätzung mitzuteilen.

Werden Sie emotional erpresst?

Reflektieren Sie:

Haben Sie Angst vor den Konsequenzen, wenn Sie nicht tun, was Ihr Gegenüber von Ihnen erwartet (Wutausbrüche, Aggressionen, ständige Nörgelei, Kontaktabbruch usw.)?

Gibt es eine klare Matrix dessen, wie »Sie sein sollten«, und wird Ihnen dieses Bild nach dem Alles-oder-nichts-Prinzip abverlangt (z.B. »Du liebst mich nicht, weil …«, »Weil du das nicht tust, kann ich niemals …« oder »Gott will, dass du …«)?

Ist die ständige Drohung im Raum, dass die Beziehung abgebrochen wird, wenn Sie nicht auf Wünsche eingehen?

Werden Sie beschuldigt, für die negativen Gefühle Ihres Gegenübers verantwortlich zu sein?

Werden Sie von diesem Menschen immer wieder als selbstsüchtig, schlecht, gierig, gefühllos oder lieblos bezeichnet, wenn Sie nicht einlenken?

Werden Sie mit Ruhe, Behütetwerden, materiellen Zuwendungen etc. »belohnt«, wenn Sie einlenken?

Macht man Ihnen große Versprechen, deren Erfüllung an Ihr Verhalten geknüpft sind (»Ich werde treu sein, wenn …«, »Ich trinke nicht mehr, wenn …«)?

Droht Ihr Gegenüber Ihnen mit Krankheit, Depression etc.?

Wird immer mehr gefordert, egal, wie viel Sie schon geben? Sind Sie nie »o. k.«?

Nehmen andere Menschen Ihnen alle Entscheidungen, viel Arbeit, Herausforderung und Mühe ab, lassen Ihnen dafür aber auch keine eigene Wahl?

Sind Sie »leicht erpressbar«?

Reflektieren Sie:

Gab es in Ihrer Ursprungsfamilie »erpresserische Strukturen«?

Gab es Suchterkrankungen, psychische Erkrankungen, war ein Eltern- oder Geschwisterteil sehr oft krank, so dass Sie sehr viel Rücksicht nehmen mussten?

Vermeiden Sie es meist, Ihre Wünsche, Bedürfnisse oder Ihre Meinung zu äußern?

Gehen Sie sehr oft den »unteren Weg«, geben also um des Friedens willen nach?

Wollen Sie immer noch mehr geben, gleichgültig, wie viel Sie schon gegeben haben?

Übersehen oder missachten Sie regelmäßig Ihre eigenen Gefühle und Bedürfnisse?

Kommt es vor, dass Sie die Bedürfnisse anderer Menschen besser wahrnehmen als Ihre eigenen?

Gehen Sie auch in Auseinandersetzungen innerlich davon aus, dass Sie letztendlich sowieso den Kürzeren ziehen und nachgeben werden?

Sagen Sie oft »Ja«, wenn Sie »Nein« sagen möchten?

Sind Sie sehr oft verspannt, wenn Sie an Ihre Beziehungspartner denken? Fühlen Sie Furcht vor der nächsten Auseinandersetzung?

Neigen Sie selbst zur »Erpressung«?

Reflektieren Sie:

Haben Sie oft das Gefühl, immer für alles kämpfen zu müssen? Bemühen Sie sich deshalb, nicht zu kurz zu kommen?

Bekommen Sie häufig und von verschiedenen Menschen die Rückmeldung, sehr »empfindlich« zu sein und aus jeder Mücke einen Elefanten zu machen?

Können Sie das »Nein« eines anderen Menschen kaum akzeptieren, empfinden es in diesem Augenblick als Verneinung Ihrer Person und sind unverhältnismäßig frustriert?

Haben Sie oft mit frustrierenden Gedankengängen zu kämpfen: »Nie bekomme ich, was ich will«, »Bei mir geht immer alles schief!«, »Ich schaff es einfach nicht!«, »Das Leben ist ganz furchtbar, ich will nicht leben ...«?

Rächen Sie sich häufig für erlittenes oder vermeintlich erlittenes Unrecht oder leiden Sie unter dem Gefühl, dem Unrecht hilflos ausgeliefert zu sein?

Erleben Sie oft, dass andere Menschen sich in der Beziehung zu Ihnen zuerst engagieren, dann aber den Kontakt abbrechen?

Was Partner zu Erpressern macht:
- Verlustangst
- fehlendes Vertrauen
- Aussichtslosigkeit
- Enttäuschung

Haben Sie schon als Kind oft das Gefühl gehabt, »zu kurz zu kommen«? Haben Sie damals verunsichernde und/oder gewaltgeprägte Beziehungen erlebt? Hatten Sie das Gefühl, »lästig« zu sein, oder waren Sie im Gegenteil so sehr Gegenüber und Zentrum des Lebens eines Elternteils, dass Sie diese Situation manchmal als überfordernd empfanden?

Haben Sie mit starken Aggressionen zu kämpfen?

Werden Sie von fast allen Menschen enttäuscht?

Wurden Sie schon einmal als »zwanghaft«, »stur« oder »engstirnig« bezeichnet?

Was steckt hinter der emotionalen Erpressung?

Im Grunde genommen fühlt sich derjenige, der erpresst, häufig in der Opferrolle. Jemand, der immer wieder zu emotionaler Erpressung greifen muss, hat seine oft gar nicht bewussten Gründe dafür:

- Er/Sie fühlt sich zu kurz gekommen.
- Er/Sie will sich rächen.
- Er/Sie kann seine Aggression nicht kontrollieren oder nicht offen ausdrücken.
- Er/Sie glaubt, unsere Anerkennung und Liebe nicht freiwillig zu bekommen.
- Er/Sie glaubt, ohne uns nicht leben zu können.
- Er/Sie will mehr Zuwendung.
- Er/Sie hat riesige Erwartungen an uns und glaubt, nicht zufrieden sein zu können, wenn wir diese nicht erfüllen.
- Er/Sie fühlt sich verletzt und gekränkt und will uns zeigen, wie stark er/sie verletzt wurde. (indirekte Kommunikation).
- Er/Sie äußert seine Wünsche nicht, er/sie wartet stillschweigend, dass wir sie erfüllen. Da wir nicht hellsehen können und sie deshalb nicht (immer) erfüllen können, fühlt er/sie sich ungeliebt.
- Er/Sie hat Angst, zu verlieren und ausgeliefert zu sein.
- Er/Sie hat in seiner Kindheit selbst mit emotionaler Erpressung gelebt und lebt weiter die alten Muster.

- Er/Sie hat Angst, dass alles aus den Fugen gerät, wenn er/sie es nicht kontrollieren kann und versucht deshalb, die Kontrolle zu behalten.
- Er/Sie hat nicht gelernt, mit Frustration umzugehen.
- Er/Sie vertraut nicht darauf, dass andere Menschen Gutes wollen.
- Er/Sie will »nur Ihr Bestes« und weiß auch ganz genau, wie das aussieht.
- Er/Sie hat einen blinden Fleck seinen eigenen Problemen und Antrieben gegenüber.
- *Vor allem: Er/Sie kann nicht verlieren!*

Nur sehr wenige Menschen, die sich der Waffen der emotionalen Erpressung bedienen, sind wirklich »schlechte Menschen«, die meisten durchschauen selbst nicht, was sie tun, und halten sich selbst ehrlich für »Opfer«. Das macht den Umgang mit ihnen leider nicht einfacher.

In der Bibel wird eine interessante Begegnung beschrieben. Jesus wird von einigen Männern angesprochen, die unzufrieden mit seinem Verhalten, aber auch unzufrieden mit dem Verhalten anderer sind. Natürlich sprechen sie ihn auf ihre Probleme mit seinem Verhalten nicht offen an, aber sie zeigen ihm ihre anderen »Problempersonen« und fragen ihn zu seiner Meinung nach dem alten Motto: »Sind die nicht furchtbar? Und mit so was willst du dich abgeben?« Die Reaktion auf ihren Versuch ist interessant. Jesus sieht die Kritiker direkt an und fragt sie: »Warum kümmert ihr euch so sehr um den Splitter im Auge eures Bruders, den Balken im eigenen Auge aber überseht ihr?«

So geht es vielen »Erpressern«: Weil sie nicht zufrieden sind, blicken sie auf der Suche nach einem Grund dafür um sich – und mit etwas Pech treffen sie auch einen Partner, der (wenigstens am Anfang) empfänglich dafür ist, in das Spiel »Wir quälen uns, weil wir uns lieben« einzusteigen.

Das Problem, Frustration (also Enttäuschung) ertragen zu müssen, haben wir alle. Wenn wir Negatives, einen Fehlschlag, eine Enttäuschung erleiden, tut das weh. Aber der Schmerz verschwindet wieder, bei manchen Menschen sogar sehr schnell. Bei anderen hält der Schmerz an, bohrt, frisst sich fest. Im schlimmsten Fall macht der Schmerz bitter und stört die Fähigkeit zu vertrauen. Aber in menschlichen Beziehungen kommen wir nicht an Frustrationen vorbei: Irgendwann gibt es immer ein »Nein«. In der Seele eines Menschen, der andere emotional erpresst, ist dieses Problem allerdings kaum zu ertragen. Er oder sie hat meist sowieso das Gefühl, für alles kämpfen zu müssen und trotzdem immer zu kurz zu kommen. »Erpresser« sind nicht leicht zufrieden zu stellen.

Zu den Wortwurzeln des deutschen Wortes *Zufriedenheit* gehören u. a. das schwedische *frid* (Freude, Freiheit, Befriedigung) und das germanische *gefripon* (Versöhnung). Diese Wurzeln verdeutlichen die tiefere Bedeutung von Zufriedenheit: Ein zufriedener Mensch ist ein mit seinem Leben und sich selbst versöhnter Mensch. Durch diese Versöhnung hat er gelernt, eigene und fremde Grenzen und negative Erlebnisse als Teil des Lebens zu akzeptieren und sich nicht auf das Unvollkommene zu fixieren.

Untersuchungen zeigen, dass der Grad der »Frustrationstoleranz«, also unserer Fähigkeit, mit Grenzen und Enttäuschung umzugehen, nicht in erster Linie davon abhängt, wie viel Negatives wir wirklich erleben, sondern stärker von unserer Bewertung des Erlebten. Wir alle tragen ein bestimmtes Bild von der Welt, von Gott und von uns selbst in uns. Dieses Bild liefert so etwas wie einen Interpretationsschlüssel für das, was mir geschieht. Man spricht hier von einer »Wahrnehmungskette«:

Ich nehme etwas wahr

↓

Ich interpretiere es aufgrund meiner Vorerfahrungen und meines Selbstbildes

↓

Ich fühle aufgrund meiner Interpretation

↓

Ich handle aufgrund meines Gefühls

Ein Beispiel: Mein Partner möchte einen Abend allein mit ein paar Freunden verbringen.

Dieser Situation füge ich meine ganz persönliche Bedeutung, meine Interpretation bei. Ich kann interpretieren: »Aha, der will mich nicht dabei haben! Er liebt mich nicht mehr!« oder: »Er schämt sich für mich!« oder: »Was hat der denn vor? Der will doch sicher nicht nur ein paar alte Freunde treffen, da steckt doch noch was anderes dahinter!« Ich kann aber auch ganz anders interpretieren: »Verstehe ich, wenn die alte Clique zusammen ist, ist das schon was Besonderes!« oder: »Schade, hätte ich eigentlich gern kennen gelernt. Kann ich ihm aber ja sagen.« Sie könnten sich sogar freuen: »Super, eigentlich könnte ich mich auch mit meinen Freundinnen treffen und einen ›Weiberabend‹ veranstalten.« Es gibt unendlich viele Möglichkeiten der Interpretation. »Find ich eigentlich nicht so toll, aber wenn es ihm wichtig ist, ist es in Ordnung für mich.« Oder …

So unterschiedlich diese Gedanken sind, so unterschiedlich werden auch meine Gefühle, die folgenden Gedanken und der Fortgang der Geschichte sein. Je negativer meine Interpretationen sind, umso schwieriger wird es für uns beide werden, zu einem guten Ergebnis zu kommen.

Oft ist uns nicht klar, wie stark uns unsere Interpretationen in unseren Gefühlen und Reaktionen beeinflussen.

Die meisten Erpresser fühlen und handeln auf der Grundlage negativer Annahmen und Interpretationen.

Zufriedene bewerten die Ursachen für negative Ereignisse als eher vorübergehend, wie eine Wolke, die die Sonne eine Zeit lang verdunkelt. Sie suchen deshalb schnell nach einem Ausweg aus der belastenden Situation oder nach einer Möglichkeit, sich der Belastung anzupassen. Diese Haltung schafft Handlungsspielraum, vertreibt Ohnmachtsgefühle und öffnet den Weg, gemeinsame Lösungen zu suchen.

»Erpresser« interpretieren eher: »Das Schlechte wird anhalten, es passt in mein Lebensmuster und wird mein Leben bleibend negativ beeinträchtigen, wenn ich nicht höllisch aufpasse«. In ihnen sind oft Sätze gespeichert wie: »Nie bekomme ich, was ich will!«, »Ich habe immer Pech!«, »Ich bin jedem egal«, »Irgendwann verliere ich jeden Menschen, den ich liebe!« Deshalb wirken oft auch kleine Verletzungen tagelang nach: Einerseits wird ihre Bedeutung und die damit verbundene Hilflosigkeit stark erlebt, anderseits reihen sie sich in die große Gruppe der anderen negativen Erfahrungen ein und bestätigen sie (Immer ist das so, nie kann ich ...).

Wenn ein anderer Mensch anderer Ansicht ist, etwas nicht möchte oder anders interpretiert, wird das manchmal als (ungerechtfertigte) Strafe oder Ungerechtigkeit erlebt. Sogar kleine Enttäuschungen werden riesengroß. So ist es schwer, eine andere Sicht zu akzeptieren.

Aber nicht alle Erpresser haben so viele negative Erwartungen. Eine weitere Gruppe dieser »Spezies« geht davon aus, einfach richtig zu liegen. Wenn Sie genau wüssten, wie man Dinge am besten erledigt, wie sich andere Menschen am vernünftigsten verhalten sollten und wie die richtigen Entscheidungen aussehen, wären Sie dann nicht auch sehr überrascht, wenn Ihr Partner das einfach nicht einsehen will?

Spielarten emotionaler Erpressung: Die »Erpressungsmuster«

Die Grundzüge emotionaler Erpressung und die Gründe, weshalb es so schwer ist, mit ihr richtig umzugehen, sind Ihnen sicher inzwischen schon deutlich geworden.
Einige der typischen Spielarten möchte ich Ihnen noch einmal näher vorstellen:

- »Du bist schuld, wenn ich leide!«
- »Du für mich, ich für dich …«
- »Ich bin klein und schwach, du bist groß und stark …«
- »Du wirst schon sehen, was du davon hast!«

Du bist schuld, wenn ich leide: Die Waffe der Schuldgefühle

> »Wie kannst du nur so egoistisch sein? So eigensüchtig und so unbarmherzig? Ist es dir egal, wenn ich dabei draufgehe?«

Die Welt ist oft nicht »nett« zu uns und nicht immer gelingt es uns, ein Leben zu führen, in dem unsere Bedürfnisse angemessen gedeckt sind. Das Ergebnis ist meist, dass wir leiden – um diese Erfahrung kommen wir nicht herum. Mit Frustration umzugehen gehört deshalb zu unserem Alltag: Wir müssen Wege finden, Enttäuschungen, Trauer und Verluste angemessen zu verarbeiten.

Eine Spielart der emotionalen Erpressung entwickelt dieses Leiden bedingt durch frustrierende Erlebnisse sozusagen zur Kunst: Ich leide »aktiv«. Wenn es mir schlecht geht, wenn ich enttäuscht bin, unglücklich, krank oder einfach nur unzufrieden, sehe ich mich zuerst einmal um und suche einen »Schuldigen«. Und wenn ich den gefunden habe (und ich finde ihn in einem solchen Fall immer), dann ist der weitere Verlauf klar: Ich versuche zuerst einmal, ihm seine Schuld klar zu machen, und erwarte zweitens, dass er mich jetzt bitte glücklich macht. Und zwar dalli! Obwohl: Ob man das von einem solchen »unsensiblen, egoistischen Menschen« überhaupt erwarten kann?

Ich habe viele Jahre in einem großen Sozialwerk gearbeitet und hatte dort zum Teil viel Kontakt zu alten Menschen im Heimbereich. Folgende Situation konnte ich immer wieder beobachten:

Ein Heimbewohner hatte das Gefühl, zu wenig Besuch von seinen Kindern und Enkeln zu bekommen: zu wenig Anrufe, zu wenig Besuche ... Lassen wir es dahingestellt, ob dieser Eindruck berechtigt oder unberechtigt war, interessant ist die Reaktion. Wenn nämlich ein Anruf oder ein Besuch kam, war die Reaktion nicht etwa froh: »Wie schön, dass du Zeit hast!«, sondern sehr oft frostig: »Wie's mir geht? Was denkst du, wie es mir geht? Wie geht es einer Mutter, wenn ihre Kinder sie vergessen haben? Wenn sie nur noch andere Dinge im Kopf haben? Aber ich bin ja hier gut untergebracht, egal, wie lange es noch dauert, ihr habt ja immerhin keine Mühe mehr mit eurer alten Mutter.«

Dass die Besuche und Anrufe der Kinder so nicht häufiger, sondern eher seltener wurden, ist eigentlich nachvollziehbar.

Emotionale Erpressung zielt bewusst oder unbewusst auf das schlechte Gewissen des Gegenübers ab. Die Botschaft wird nie offen ausgesprochen, aber sie lautet:

»Ich will, dass du das tust,
was meinen Vorstellungen entspricht.
Wenn du das nicht tust, geht es mir schlecht, und du bist schuld daran.«

Die Waffe der Schuldgefühle

Durch dieses »Schuld-Programm« lassen wir uns nur allzu leicht manipulieren. Wir fühlen uns eingeengt, unter Druck gesetzt. Doch meist brodelt in unserem Innern auch Widerstand. Scheinbar haben wir nur zwei schlechte Alternativen zur Verfügung:

1. Wir richten uns nach den Vorstellungen des anderen und haben den Eindruck, gezwungen zu sein.
2. Wir richten uns nicht nach seinen Wünschen und haben Schuldgefühle.

Langfristig können Schuldgefühle eine Beziehung gehörig belasten oder sogar zur Beendigung der Beziehung führen. Wir haben es satt, uns in unserer Freiheit ständig beschnitten zu sehen und ständig mit schlechtem Gewissen umherlaufen zu müssen.

Entscheiden wir uns für die Märtyrerrolle, indem wir unsere Wünsche zurückstellen und alles für den anderen tun, in der Hoffnung, es komme eines Tages zu uns zurück, befinden wir uns meist in einer ausweglosen Position: Unsere Interessen werden nicht umgesetzt und wir bekommen nichts zurück. Die Manipulation durch Erpressung ist alles in allem keine hilfreiche Strategie im Umgang mit anderen Menschen.

Die schweigenden Leidenden

Beziehungen sind Ratespiele: »Rate mal, was du mir wieder angetan hast«!

»Mein Mann ist wie eines dieser altertümlichen Orakel: Seine Reaktion muss immer gedeutet werden! Er sagt mir nicht, wenn er sich über irgendwas ärgert, aber er sorgt dafür, dass ich es spüre. Vor kurzem z. B. wollte er einen neuen Computer kaufen. Ich bin ja schon immer sehr vorsichtig darin, irgendetwas zu sagen, was ihn frustrieren könnte. Aber da habe ich trotzdem gesagt, dass ich das im Moment etwas schwierig finde, weil wir sehr viele offene Rechnungen haben, das Auto muss zur Inspektion und unser Konto ist schon im Minus. Jens hat zuerst gar nichts gesagt, dann ist er aufgestanden und hat mir beim Rausgehen in sehr gedämpftem Tonfall mitgeteilt, er müsse jetzt erst mal an die frische Luft. Als er zurückkam, ist er sofort im Bett verschwunden und war nicht mehr ansprechbar. Ich vertrage so was einfach nicht! Deshalb bin ich hin und habe gefragt, was denn los sei. Aber er sagt dann ja nichts und ich fühle mich wie ein Schuft, weil es ihm so schlecht geht. Irgendwann mal hat er dann gesagt: ›Ich hab doch genug Pech das ganze Leben, nie bekomme ich, was ich mir wünsche. Ich fühle mich wie ein kleines Kind, und Mutter verbietet, was sie nicht will. Du bestimmst immer alles und bist vollkommen unflexibel.‹ Irgendwann hab ich dann aufgegeben und gesagt: ›Ach Schatz, dann kauf das Ding eben!‹ Und da war er wieder munter, glücklich und voller Tatendrang, sprang auf und wälzte gleich Computerzeitschriften, lobte mich, weil ich so lieb wäre. Und ich dachte wieder mal: ›Warum hast du nicht einfach den Mund gehalten?‹ Ich schaffe das nicht, dabei ist es so viel einfacher und ich weiß doch, wie es endet, wenn ich anderer Meinung bin.«

Jens' Taktik ist einfach und wirkungsvoll: Ich bringe mein Gegenüber in eine Lage, in der zuerst einmal herausgefunden werden muss, welches Verbrechen überhaupt begangen wurde. Das Spiel könnte man »Rate mal, was du wieder angestellt hast!« nennen. Dann sorge ich dafür, dass man bereut – und belohne mit gutem Wetter, wenn man seinen Fehler einsieht und sich ändert.

Sie merken: Besonders erwachsen ist diese Strategie nicht. Sie wurde auch oft schon früh erlernt und über Jahre weiter perfektioniert. Eigentlich hört die Zeit, in der unsere Umwelt versuchen muss, die Bedürfnisse und Probleme zu erraten, mit denen wir uns so herumschlagen, spätestens mit 3 – 4 Jahren auf. Aber mancher von uns spielt dieses Spiel noch mit 70.

Pyrrhussiege: Rache um jeden Preis

Eine dritte Variante der Arbeit mit Schuldgefühlen ist der Pyrrhussieg. Pyrrhus, der König von Epirus, gewann zwar eine wichtige Schlacht gegen die Römer, aber zu einem solch hohen Preis, dass er entsetzt ausgerufen haben soll: »Noch so ein Sieg, und wir sind erledigt!«

Für manche Menschen ist die Selbstschädigung ein Preis, der gern bezahlt wird, wenn dadurch ein anderer Mensch mit Schuldgefühlen bestraft wird. Dabei benutzen sie den Weg, sich selbst zu schädigen und dadurch den anderen zu treffen, ohne ihn offen angreifen zu müssen.

Offen aggressive Handlungen sind so auch gar nicht notwendig:

Ein klassisches Beispiel für das zu Grunde liegende Prinzip: Ein Junge streitet sich mit seiner Mutter darüber, was er anziehen soll, bevor er nach draußen geht. Der Junge ist der Verlierer in diesem Spiel – die Mutter hat sich durchgesetzt. Die Mutter legt ihm alles Mögliche heraus, Mütze, Jacke, Schal – nur die Handschuhe vergisst sie. Während der Junge ohne diese nach draußen geht und noch ärgerlich über die Vorschriften seiner Mutter ist, denkt er wütend: »Geschieht meiner Mutter ganz recht, wenn ich mir die Hände abfriere.«

Das Prinzip lautet: Du gibst mir zwar nicht, was ich wirklich will und brauche – aber dafür bist du jetzt auch für die Folgen verantwortlich. Und wenn es mir jetzt schlecht geht, kann ich dich vielleicht auch damit treffen!

> »Dazu hast du mich getrieben!« oder »Wenn es mir schlecht geht, ist es deine Schuld!«

Schlimmere Beispiele gibt es aber leider auch:

- Ein Suizidversuch z. B. kann unter anderem ein endgültiges Mittel sein, andere für etwas zu bestrafen, was sie mir meiner Meinung nach angetan oder vorenthalten haben.
- Das schwarze Schaf der Familie kann allein durch seine Gegenwart die Familie beschämen und bestrafen: »Ich kann zwar nicht so sein, wie ihr mich haben wollt – aber ich kann dafür sorgen, dass ihr euch mit mir beschäftigen müsst!«
- Der »Versager« kann sich durch seine Verweigerung ein Instrument der Rache verschaffen und die damit bestrafen, die andere Erwartungen und Hoffnungen an ihn hatten.
- Auch Suchtverhalten kann einen Anteil dieser Erpressungsspielart in sich tragen: »Ich trinke mich zu Tode, weil ich anders nicht mit dem, was du mir alles antust, fertig werde. Na, wie lebt es sich mit dem Wissen, dass du mich umbringst?«

Eine besonders verzwickte Form des Pyrrhussieges ist es, durch gezieltes und bewusst provozierendes Verhalten eine negative Gefühlsreaktion bei meinem Gegenüber hervorzurufen. In manchen Beziehungen versucht der vermeintlich schwächere Teil den anderen unbewusst dazu zu bringen, aggressiv zu handeln nach der »Patho-Logik« des als Kind gehörten Satzes »Es tut mir mehr weh als dir.«

Aus einem Erfahrungsbericht:

> »Ich fühle mich so erbärmlich! Ich schreie meine Frau immer wieder an, dabei geht es ihr sowieso schon schlecht genug. Das läuft oft so: Wir haben irgendeine Meinungsverschiedenheit. Ganz schnell kommt dann von Evelyn: ›Ich weiß ja, dass ich eine Last für dich bin. Du bist ja sowieso nur noch aus Verantwortungsgefühl bei mir. Ich gebe dich frei: Wir müssen uns trennen, das ist die einzige Lösung. Egal, was dann aus mir wird: Es ist nicht deine Verantwortung. Ich schaff das schon

irgendwie ...‹ Und dann weint sie, die Tränen laufen nur so und sie sitzt einfach da. Und ich fühle mich schrecklich, weil sie Recht hat: Ich bin nur noch aus Verantwortungsgefühl bei ihr und, ja, ich würde am liebsten gehen. Aber ich habe mal versprochen, in guten und schlechten Tagen bei ihr zu bleiben und ich habe das ernst gemeint. Ich versuche sie dann zu trösten es tut mir so Leid, dass ich ihr so wehtue! Aber meist ist der Auslöser ganz nebensächlich gewesen. Zuletzt ging es darum, ob wir ein Wochenende in Berlin oder Hamburg verbringen. Wenn ich dann versuche, sie zu trösten und sage: »Komm, Schatz, dann lass uns doch nach Berlin fahren, wenn dir so viel daran liegt!«, dann kommt 100 % irgendwas wie: »Nein, das sagst du ja nur aus schlechtem Gewissen und nicht, weil du mich liebst! Wenn du mich lieben würdest, wäre alles anders, dann würden solche Situationen gar nicht vorkommen!« Und wenn ich dann versuche herauszubekommen, was ich denn dann konkret falsch gemacht habe, kommt immer nur das Gleiche. Und das kann ich nicht mehr hören! Und irgendwann, wenn sie wieder weint, eine Trennung wäre die einzige Lösung, dann kommt in mir eine solche Wut hoch und ich schreie sie an, dass sie Recht hat, und dass sie dann eben gehen soll, oder ich gehe, ganz wie sie will! Und sie weint und weint und stammelt, dass sie es ja gewusst hat und dass ich ganz Recht habe, sie anzuschreien, dass sie mich liebt und ohne mich nicht leben kann; aber wenn ich will, gibt sie mich frei. Ich bin nur noch unglaublich wütend. Ich knalle die Türen und renne raus, damit ich nicht mal irgendwann zuschlage. Irgendwann später, wenn ich mich beruhigt habe, komme ich reumütig zurück. Ich schäme mich entsetzlich. Was soll ich nur tun, ich kann doch meine Frau nicht so behandeln. Ich kenne das sonst nicht von mir.«

Wer ist hier jetzt »Täter«, wer »Opfer«?

Die Auslöser für solche Kämpfe sind in der Regel ein Gefühl von Unterlegenheit, Hilflosigkeit und der Wunsch nach Rache: Ich habe das Gefühl, dass ich noch etwas zu fordern habe, dass da noch jemand etwas bereuen muss – und ich helfe ihm dabei. Rache ist süß – aber die Nebenwirkungen sind bitter.

Das Racheverhalten von Partnern ist verbreiteter, als viele glauben. Diese Rache kann sich unter Umständen in kleinen Nadelstichen vollziehen, die Außenstehende kaum bemerken, die aber deshalb nicht weniger schmerzen und verletzen. Vergeltungsgedanken wirken zerstörerisch. Wer aufrechnet, verschlimmert sein Leid. Die Bibel sagt: »Wer liebt, fügt seinem Mitmenschen nichts Böses zu. Also wird durch die Liebe das ganze Gesetz erfüllt« (Römer 13,10).

»Vergib uns unsere Schuld, wie wir vergeben unseren Schuldigern« – dieser Zusammenhang wird im bekannten »Vaterunser« zwischen meiner Vergebungsbereitschaft anderen gegenüber und dem Erlebnis, selbst von Schuld frei zu werden, geschlossen.

Erst, wenn ich meinen Anspruch auf Vergeltung loslasse, wenn ich erkenne, dass dieser Kampf zu viel kostet, dass ich mir noch so einen Sieg nicht leisten kann, erst dann werden wir frei zu empfangen, was in der Gegenwart an Gutem liegt.

»Du für mich, ich für dich, du für mich.«

Ein Beispiel: Ich bin für dich da, du bist für mich da.

Margret und ihre Mutter standen sich immer sehr nahe. Der frühe Tod des Vaters hatte die beiden aneinander geschweißt. Margret war ein umsorgtes und geliebtes Kind und ihre Mutter brachte viele Opfer, um ihr eine sichere Schulbildung und ein gutes Leben zu ermöglichen. Sie umsorgte und verwöhnte ihre Tochter sehr und Margret war oft froh, im Vergleich mit anderen ein so harmonisches Zuhause zu haben. Die Probleme begangen erst, als Margret anfing, selbstständig zu werden. Als sie zum Studium ausziehen wollte, wurde ihre Mutter krank. Kein Arzt konnte ihr helfen und so entschied sich Margret für ein anderes Studium in der Nähe und blieb bei ihr. Alles war nun wie immer: Margret wurde umsorgt, ihre Mutter kümmerte sich um alles. Ihre Mutter machte deutlich, wie wichtig es für Margret war, sich ganz auf ihr Studium zu konzentrieren. Margrets Freunde gefielen ihrer Mutter nicht. Das ließ sie auch spüren, und so besuchten sie die anderen nicht mehr so viel. Margret fühlte sich eingeengt und hatte gleichzeitig ein furchtbar schlechtes Gewissen: So wütend auf ihre kranke Mutter zu sein, die doch nur ihr Bestes wollte und sich für sie aufopferte. Immer wieder beschloss sie, auszuziehen, und immer wieder schaffte sie es nicht, ihr schlechtes Gewissen zu besiegen.

Autonomie und Bindung: Was trennt, verbindet manchmal auch neu.

Dabei wuchs ihre Aggression innerlich aber unaufhaltsam weiter an, bis sie vor lauter Ausweglosigkeit krank wurde.

In einer Beratung begriff sie nach und nach, dass die Liebe zwischen ihrer Mutter und ihr zu einer Falle geworden war: In den Jahren ihres gemeinsamen Lebens hatte sich eine gegenseitige Abhängigkeit aufgebaut. Ihre Mutter konnte sie nicht loslassen, und sie schaffte es nicht, ihre Mutter zu enttäuschen. Margret hatte den heimlichen Wunsch, mit der Erlaubnis ihrer Mutter gehen zu dürfen – ihre Mutter hatte den Wunsch, nicht allein zu bleiben. In diesem System waren beide gefangen.

Margrets Mutter hatte nach dem Tod ihres Mannes ihren ganzen Lebenssinn auf ihr Kind projeziert. Sie definierte sich selbst über ihre Tochter. Und sie wünschte sich, ohne es vor sich selbst zugeben zu können, für ihre Tochter dasselbe zu bedeuten. So wurde irgendwann aus Liebe Besitz.

Margret war es gewöhnt, für ihre Mutter der Mittelpunkt der Welt zu sein. Und sie hatte davon viele Vorteile: Hilfe, Fürsorge, Unterstützung ... Aber diese Hilfe hatte eben oft einen »Pferdefuß«. So kaufte Margrets Mutter zum Beispiel, als klar wurde, dass Margret wirklich ausziehen wollte, eine Eigentumswohnung im gleichen Haus und schenkte sie ihr mit folgenden Worten: »Ich weiß, dass du dein eigenes Leben leben musst, mein Kind, und ich möchte dir den Start etwas leichter machen. So hast du dein eigenes Reich, aber du kannst immer noch deine Wäsche zu mir bringen, ich kann für dich mitkochen – natürlich ohne irgendeinen Zwang.« Vordergründig war das eine wirklich großzügige Geste, hintergründig aber ein kluger Schachzug, die Tochter in der Nähe zu halten. Aber die zunehmende subtile Einengung schnürte ihr die Luft ab und zerstörte fast die Liebe zu ihrer Mutter in ihr.

Es dauerte einige Zeit, bis Margret für sich geklärt hatte, wer sie war und wie sie in Zukunft leben wollte. Und es dauerte noch länger, bis sie die Kraft aufbrachte, ihrer Mutter davon zu erzählen. Dieses Gespräch war für beide sehr schwer – Margrets Mutter hatte nicht die Kraft, ihre Tochter loszulassen. Sie versuchte mit aller Kraft und allen Mitteln (Krankheit, Tränen, Depression, Geschenke) den Status quo zu erhalten.

Aber Margret wusste, dass ihre Mutter so reagieren würde – und sie war bereit, diesen Preis zu bezahlen.

»Erdrück mich nicht!«, war ein Satz, den Margret immer wieder formulierte. »Lass mir Raum – ich liebe dich! Ich komme gern, wenn du mich nicht zwingst!« Das Problem war nur: Margrets Mutter war davon nicht überzeugt, und so klammerte sie sich an ihre Tochter.

Klammern ist kein Frauenproblem. Ebenso oft fordern Männer die ausschließliche Hingabe ihrer Partnerin, damit alles so intensiv und paradiesisch bleibt wie in den ersten Liebeswochen. Die Sehnsucht, geliebt zu werden, schlägt dann irgendwann in Zwang und Kontrolle um – und zwar dann, wenn man die Angst entwickelt, der Partner könnte »noch andere Götter neben mir haben«.

Es ist schön, füreinander zu sorgen. Nähe kann wunderbar und tröstlich sein. Aber Distanz ist ebenso wichtig: Der Partner muss sich auch darauf verlassen können, dass wir unsere eigenen Wünsche und Bedürfnisse ernst nehmen und uns für sie einsetzen und nicht auf die Idee verfallen, diese Last unserem Gegenüber aufzubürden.

Autonomie und Bindung

Wir haben zwei ganz grundlegende Bedürfnisse, nämlich das Bedürfnis nach *Autonomie* – wir wollen über uns selbst bestimmen können – und das Bedürfnis nach *Bindung*, nach Zugehörigkeit. Die Schweizer Psychotherapeutin Rosemarie Welter-Enderlin hat diese beiden Bedürfnisse in einem schönen Bild ausgedrückt. Demnach brauchen wir Wurzeln, müssen wissen, wohin wir gehören. Aber wir wollen auch unsere Flügel ausbreiten und fliegen können, wohin wir wollen. Natürlich treten diese beiden Bedürfnisse des Öfteren miteinander in Konkurrenz. Es ist nicht einfach, sie auf einen Nenner zu bringen, schon gar nicht in einer Beziehung. Doch Paare müssen sich dieser Schwierigkeit stellen und darauf achten, dass es auf lange Sicht ein ausgewogenes Verhältnis von Autonomie und Bindung in der Beziehung gibt.

Geschieht das, ist es der Ausgangspunkt für eine verhängnisvolle Handlungskette:

- Er/Sie glaubt, unsere Anerkennung und Liebe zu brauchen. Er/Sie glaubt, ohne uns nicht leben zu können. Er/Sie will mehr Zuwendung.
- Er/Sie sorgt gut für sein Gegenüber: behütet, unterstützt mit Geld und Hilfe.
- Er/Sie hat gleichzeitig riesige Erwartungen an uns und glaubt, nicht zufrieden sein zu können, wenn wir diese nicht erfüllen.
- Er/Sie äußert seine Wünsche nicht, erwartet stillschweigend, dass wir sie erfüllen. Da wir nicht hellsehen können und sie deshalb nicht (immer) erfüllen können, fühlt er/sie sich ungeliebt. Andere Wünsche *können* aufgrund ihrer unrealistischen Natur nicht erfüllt werden.
- Er/Sie fühlt sich zu kurz gekommen, nicht genügend gewürdigt. Die Forderungen werden größer, wobei immer mehr aus dem Blickfeld gerät, was alles gegeben wird. Jede Enttäuschung hebt zehn gute Erlebnisse auf.
- Das Gegenüber beginnt, sich innerlich immer mehr zu schützen und evtl. auch den Kontakt zu vermindern.
- Er/Sie fühlt sich verletzt und gekränkt und will uns zeigen, wie stark er verletzt wurde (indirekte Kommunikation).
- Er/Sie hat Aggressionen und hat Angst, sie offen auszudrücken. Deshalb wird der Versuch gemacht, das Gegenüber mit Schuldgefühlen zu erpressen oder auch mit Wohltaten (sehr oft Geld oder Hilfe) zu bestechen.

Können Sie sich eine Umarmung vorstellen, die immer mehr zur Umklammerung wird, sobald der Umarmte sich lösen will, und wieder sanft und liebevoll wird, wenn der Widerstand aufgegeben wird? Das ist ein gutes Bild für diese Form der emotionalen Manipulation.

»Ich bin klein und schwach, du bist groß und stark ...«

Sehr oft erkennt man auf den ersten Blick nicht, wer in einer Beziehung »die Hosen anhat«, wer also den größten Teil der Entscheidungen beeinflusst und sich meistens durchsetzt. Haben Sie schon einmal von dem Sprichwort: »Der Mann ist das Haupt der Familie, die Frau der Hals, der das Haupt dreht« gehört? Es beschreibt im Grunde das Ergebnis eines »Stärke-Schwäche-Spiels«: Der »Starke« wird oft mehr gesteuert, als es scheint. Nicht immer ist die Person, die auf den ersten Blick die stärkere zu sein scheint, auch wirklich in der Beziehung dominant.

> »Wieso hast du ihn geheiratet?« Wie sollst du das jemandem klar machen? Wie er, so als wollte er sich selbst tadeln, den Kopf senkte und die Augen hob, um zu dir aufzusehen, scheu wie ein Kleinkind. Wie er sich in dein Herz geschlichen hat: lieb, schwärmerisch, verspielt ...
> Er sagte: Du bist stark, Schatz. Und ich glaubte es. Ich glaubte es!
> (Marilyn French, »Das blutende Herz«)

»Wenn meine Mutter wüsste, was ich alles kann, müsste ich den ganzen Tag arbeiten!«, lautet ein anderer bekannter Spruch.

In einer Welt, in der die meisten Menschen auf Stärke setzen, haben einige entdeckt, wie hervorragend man leben kann, wenn man geschickt der oder die Schwächere ist. Eine meiner Schulfreundinnen hatte diesen Bogen hervorragend heraus, wobei ihr ihr zartes und sehr attraktives Äußeres sehr hilfreich war. Sie fand immer jemanden zum Abschreiben, einen, der ihr die Sachen trug, eine Entschuldigung, wenn es Ärger mit Lehrern gab. Dabei sah sie mit zur Seite geneigtem, treuem Augenaufschlag hoch, ein paar Tränen in den Augenwinkeln, und hauchte: »Es tut mir so Leid!« Besonders genial fand ich es, wie sie es schaffte eine rührende Unfähigkeit in allen Bereichen an den Tag zu legen, die ihr keinen Spaß machten. Wie sie zum Beispiel im Kochunterricht mit spitzen Fingern, hochkonzentriert und mit mäßigem Erfolg unglaublich lange an einer einzigen Kartoffel herumschnitzte, bis irgendjemand kam und ihr das Ding wütend aus der Hand nahm, weil man ja irgendwie pünktlich fertig werden musste.

Manchmal scheint es einfach viel weniger Kraft zu kosten zu helfen, als es nicht zu tun. Kennen Sie dieses Gefühl: »Ich habe jetzt keine Lust, mich auf diesen Kampf einzulassen!« Und dann tun Sie etwas, von dem Sie

a) wissen, dass es gar nicht Ihr Job ist und dass

b) der eigentliche Jobbesitzer es besser selbst täte?

Kennen Sie die Ungeduld, mit der Sie manchmal betrachten, wie jemand anderes etwas umständlich versucht, was Sie in fünf Minuten fertig hätten?

Und haben Sie auch schon erlebt, wie Sie immer wieder nachgeben, weil Ihr Gegenüber so sehr schmollt, dass Sie es irgendwann nicht mehr aushalten – und anscheinend sind Sie der einzige Erwachsene in dieser Beziehung?

Wenn Sie das in sehr vielen Situationen mit sehr unterschiedlichen Menschen erleben, ist es wahrscheinlich Ihr eigenes Problem. Läuft aber derselbe Film immer wieder zwischen Ihnen und immer derselben anderen Person ab, könnte es sein, dass Sie es mit einem »Erpresser durch Unfähigkeit« zu tun haben. Erinnern Sie sich an die Energie, die kleine Kinder an Kassen aufbieten, um doch noch an die Süßigkeiten zu kommen? Trotzen, schmollen, schmeicheln, drängeln, weinen … Das ganze Repertoire erleben Sie hier bei einem erwachsenen Menschen. Auf den ersten Blick sind Sie der Starke, der Handelnde: Sie »erlauben«, Sie helfen. Wenn aber die schon beschriebenen Mechanismen der emotionalen Erpressung »Forderung – Widerstand – Druck – Drohung – Wiederholung« wirksam werden, bestimmen Sie die Ergebnisse nur dann, wenn Ihr Gegenüber kein Interesse daran hat.

Eine andere Spielart der *Selbstverteidigung durch Schwäche zeigen* liegt darin, sich ständig selbst zu kritisieren. »Ich habe das bestimmt nicht gut gemacht. Glaubst du, das reicht so? Ich glaube nicht.« Diese Reaktion zwingt die Umwelt zur Schonung – oder würden Sie einen Menschen, der sowieso schon ganz unsicher reagiert, auch noch kritisieren? Das funktioniert auch beim Thema *Liebe*: »Ach Schatz, ich weiß, du hättest etwas Besseres verdient! Ich bin eine Zumutung, ich versuche so sehr, mich zu ändern, aber es klappt einfach nicht! Wie hältst du es nur mit mir aus!« So ein Spiel kann lange funktionieren: Bis der Mitspieler durchschaut, dass er manipuliert wird. Da das Spielangebot aber lautet: »Ich bin klein, du bist groß«, wird es jetzt oft unbewusst weitergespielt, nur nicht mehr in einer fürsorglichen, »mütter- oder väterlichen« Haltung, sondern mit den Methoden eines kritischen Elternteils: Der Mitspieler beginnt zu schimpfen oder zu bestrafen. Und schon sind beide wieder im gewohnten Fahrwasser angekommen.

Dieses Ungleichgewicht zwischen Geben und Nehmen, zwischen Groß und Klein, wirkt sich langfristig in alle Bereiche hinein aus, z. B. auch in den Bereich der Sexualität. Wenn ein Paar »Mutter und Kind« spielt, nimmt langfristig die sexuelle Anziehung ab oder wird von der »starken« Seite gefordert und von der »schwachen« Seite als Erpressungsmittel benutzt.

Eine Voraussetzung für Ebenbürtigkeit ist ein ausgewogenes Wechselspiel zwischen Geben und Nehmen. Ist das vorhanden, dann haben beide Partner das Gefühl von Gleichwertigkeit. Gibt aber einer immer mehr als der andere, dann entsteht zwischen den Partnern ein Gefälle. Derjenige, der mehr gibt, wird sich irgendwann ausgebeutet fühlen, und derjenige, der nur noch nimmt, wird ein immer schlechteres Gewissen bekommen. Der Ausstieg kann eigentlich nur gelingen, wenn es die Parteien schaffen, auf einer erwachsenen Basis miteinander umzugehen. Also nicht mehr: »Du bist groß, ich bin klein«, sondern: Wir sind gleichwertig und gleichberechtigt. Das ist schwer, aber zum Glück nicht unmöglich.

»Du wirst schon sehen, was du davon hast!«

Die vierte Spielart der emotionalen Erpressung, die ich hier näher beschreiben möchte, ist die Form, in der aktiv-aggressives Verhalten ungebremst zum Zuge kommt: Die Arbeit mit Druck, Drohungen und/oder Gewalt. Der »Erpresser« hat sich selbst nicht im Griff – dafür aber meist seine Umgebung.

> »Meine Mutter konnte unglaublich wütend werden. Das ging ganz schnell und wir hatten alle Angst davor. Ich weiß noch, dass ich, wenn ich aus der Schule nach Hause kam, an der Haustür immer erst mal versucht habe herauszubekommen, wie ihre Stimmung war. Ich brauchte sie eigentlich gar nicht richtig zu sehen, ein vorsichtiger Blick durch die Küchentür genügte, und ich wusste, was die Uhr geschlagen hatte. Ich sah das an ihrer Körperhaltung, der Art, wie sie ihre Zigarette hielt, den Bewegungen. Wenn sie gut drauf war, dann war ich erleichtert und dann hatten wir oft wirklich gute Zeiten. Sie konnte echt lustig sein und sie kochte super. Aber wenn ich irgendetwas Falsches sagte oder tat, dann schlug die Stimmung plötzlich um, sie wurde gereizt, zischte mich an – sie schimpfte selten richtig laut, sie zischte die Worte dann so und sah mich an, als würde sie mich hassen. Ich fing meist an zu weinen, und meine Mutter schimpfte dann: ›Flennen hilft

da auch nichts, du Schlappschwanz, bist wie dein Vater, alle könnt ihr nur rumjammern. Jetzt ist Schluss, Memme!‹ Wenn ich sie richtig wütend gemacht hatte – wodurch auch immer –, dann schlug sie mich ins Gesicht und schimpfte bei jedem Schlag: ›Und, bist du jetzt zufrieden? Jetzt froh, ja? Du kannst ja nicht mal aufhören, ja? Du bettelst geradezu um Ohrfeigen, ich weiß nicht, was ich verbrochen habe, dass ich mit dir gestraft worden bin!‹ Ich habe das Gefühl, ich hätte meine ganze Kindheit hindurch versucht, meine Mutter nur nicht aufzuregen. Nur habe ich nicht herausgefunden, wie ich das hinbekommen könnte. Ich hatte immer Angst und gleichzeitig das Gefühl, ich müsste die Sache irgendwie meistern. Sie sagte ja auch immer, ich wäre schuld.«

Das Druckmittel des aktiv-aggressiv Handelnden ist Angst. Die Umgebung »spurt«, weil sie sich vor den Ausbrüchen des emotionalen Erpressers fürchtet. Das Perfide ist, dass es viele Erpresser noch schaffen, in ihrer Umwelt das Gefühl zu erzeugen, »er oder sie könne eigentlich nichts dafür«, bis hin zu der Überzeugung: »Ich bin irgendwie selbst schuld, wenn mein Partner ausflippt!«

Dabei kann es sich um verbale (sprachliche), um körperliche Gewalt oder um eine Kombination aus beidem handeln.

»Viele beneiden mich um meinen Mann. Nach außen ist alles in Ordnung: Er ist höflich, hilft den Damen in den Mantel, hat Erfolg. Zu Hause ist das anders. Am Anfang war er charmant und freundlich, obwohl er immer schon leicht aus der Haut fuhr und mit mir schimpfte. Aber ich dachte, das ändert sich, wenn wir richtig zusammen sind. Es hat sich auch geändert, aber in die falsche Richtung. Bei der kleinsten Kleinigkeit fährt er mir über den Mund. Wenn nicht alles so ist, wie er es haben will, fängt er an zu schreien. Und wenn es ganz schlimm wird, schlägt er auch manchmal zu. Nicht immer, manchmal, na ja, immer mal wieder. Ich kann mich nicht wehren. Ich weine dann, versuche mich zu schützen, bitte ihn aufzuhören. Aber er ist einfach viel stärker. Ich schäme mich furchtbar, er will das ja auch gar nicht, aber es passiert dann irgendwie. Ich hab schon gesagt, ich gehe, wenn das noch mal passiert, aber ich habe es nicht geschafft. Wohin soll ich auch?«

Gewalt in Beziehungen hat sehr unterschiedliche Formen. Die körperliche Gewalt ist sichtbar und einfach zu belegen. Doch die seelische Gewalt und die Gewalt durch Worte sind häufig genauso schmerzhaft, unsichtbarer und Sie können sich ihr kaum entziehen.

Einige Beispiele für diese Form von Gewalt:

- Keine Kontovollmacht: Sie müssen sich für alle Ausgaben rechtfertigen.
- Drohungen: »Ich nehme dir die Kinder weg, wenn du gehst!«
- Beschimpfungen: »Meine Frau hat davon sowieso keine Ahnung!«, »Du kannst nichts!«, »Wie du schon aussiehst!«, »Du Schlampe, Hure, Dumme, Dicke, du Idiot, Versager, Nichtskönner, Schlappschwanz.«
- Bespitzelungen
- Krankhafte Eifersucht

Körperliche Gewalt fängt häufig mit Demütigen, Bloßstellen und Diskriminieren (»Fertigmachen«) an.

Im nächsten Schritt wird oft mit vielfältigen Mitteln versucht, den Partner zu isolieren: Sie ziehen über Freunde/-innen oder Arbeitskollegen/-innen her oder benehmen sich denen gegenüber besonders schlecht. Sie überwachen jeden

Schritt des Partners eifersüchtig und verlangen genauesten Bericht über alles, was er macht. Sie schließen das Telefon ab. Und, und, und …

Gewalt bleibt oft geheim.

Gewalt verletzt die Würde, das menschliche Bedürfnis nach Sicherheit, Anerkennung, Wertschätzung und Respekt. Sie führt zum Erleben von Ohnmacht, Hilflosigkeit und Angst, erweckt Gefühle von Scham, Schuld und Versagen und erzeugt Isolation und Rückzug. Gewalt löst keine Konflikte in der Beziehung, sondern schafft neue. Außerdem trägt sie die unverarbeiteten eigenen Gewaltprobleme der Eltern in die nächste Generation. Wo »das Recht des Stärkeren zählt«, ist die Situation undurchschaubar und kaum zu steuern. Entsprechend werden Konflikte als fast lebensbedrohlich erlebt und der Schwächere versucht mit allen Mitteln, Eskalationen zu vermeiden. Dabei entwickelt er meist eine so unterwürfige und ausweichende Art, dass der Aggressor sich noch mehr ermutigt fühlt, über die Grenze seines Partners/seiner Partnerin zu gehen – bis hin zur körperlichen Gewalt.

90 % aller Gewalttaten werden nach Schätzungen der Polizei in der Familie und im sozialen Nahraum ausgeübt. Die Dunkelziffer bei familiärer Gewalt ist sehr hoch. Forschungsergebnisse weisen jedoch darauf hin, dass jede fünfte Frau bereits Gewalt in einer Beziehung erlebt hat. Über die Gewalt gegen Männer gibt es noch keine gesicherten Zahlen, obwohl auch das anscheinend häufiger vorkommt, als man landläufig vermuten könnte.

Wenn Menschen bedroht und beschimpft werden, erleiden sie nicht nur Angst, es verändert auch ihr weiteres Leben. Wer Opfer eines solchen Dauergefechtes geworden ist, wird häufig nicht alleine durch körperliche Schmerzen immer wieder daran erinnert. Je nach Schwere der Erlebnisse können andauernde Gefühle des Zorns, der Angst, der Kränkung, der Ohnmacht entstehen. Da Gewalt in Beziehungen (ob verbal oder physisch) meist von allen Beteiligten verschwiegen wird, bleiben Opfer und Täter sehr oft allein. Der Druck, das Leben nach außen hin – vielleicht für die Kinder – unter Kontrolle halten zu müssen, die häufig berechtigte Furcht vor weiteren Übergriffen lähmen und erschweren die Verarbeitung der Situation. Bei Institutionen wie Polizei und Justiz Schutz und Hilfe zu suchen – ja selbst sich einer Beratungsstelle anzuvertrauen, ist für viele schwer bis unmöglich. Soll ich meinen Partner etwa anzeigen? Und außerdem: Psychoterror kann einen Menschen zwar krank machen, ist aber nicht strafbar.

Die Unterbrechung der Gewaltspirale und ein Ausweg aus der Gewaltfalle in Beziehungen ist sehr schwer und für die meisten ohne Hilfe nicht zu bewerkstelligen.

Aufhebung

Sein Unglück ausatmen können,
tief ausatmen,
so dass man wieder einatmen kann
und vielleicht auch sein Unglück
sagen können in Worten,
in wirklichen Worten,
die zusammenhängen und Sinn haben,
die man selbst noch verstehen kann,
und die vielleicht auch irgendwer
sonst versteht oder verstehen könnte
und weinen können
das wäre schon fast wieder Glück
Erich Fried

Wege aus der Falle

»Wenn du dich nicht so verhältst, wie ich es von dir will, wirst du leiden!«. Emotionale Erpressung breitet sich auf einem Teppich von Angst, Schuldgefühl und Pflichtempfinden aus. Täter und Opfer sind in diesen Gefühlen verstrickt. Wer emotionaler Erpressung ausweichen will, kann dies nur durch selbstverantwortliches Wahrnehmen und Konfrontieren mit der eigenen Angst, mit der eigenen Schuld und eigenen Pflichtgefühlen.

Vielleicht haben Sie inzwischen entdeckt, dass Sie und Ihr Partner zwar hin und wieder Methoden aus der Mottenkiste der Manipulation verwenden, dass aber keiner von Ihnen sich durchgehend erpresserisch verhält und dass Sie sich anscheinend auch nicht gegenseitig erpressen (das gibt es nämlich auch recht häufig: »Täter« und »Opfer« wechseln sich dann ab). Wunderbar, achten Sie weiter aufeinander und arbeiten Sie daran, dass es so bleibt. Vielleicht sind Sie sich aber auch nicht so sicher: Handelt es sich bei den Dingen, die ich als Erpressung empfinde, um »Ausrutscher« oder um Methode? Für diesen Fall habe ich die wichtigsten Punkte noch einmal zusammengefasst:

> »Geliebt wirst du einzig da, wo du schwach dich zeigen darfst, ohne Stärke zu provozieren«.
> Theodor W. Adorno

- *Leben Sie in Ihrer Beziehung häufig den »Kreislauf der emotionalen Erpressung«: »Forderung – Widerstand – Druck – Drohung – Unterwerfung – Widerholung«?* Wie sieht Ihre Rolle in diesem Spiel aus? Was tun oder unterlassen Sie mit welchem Ergebnis? Wichtig ist es, zwischen einer Bedürfnisäußerung und einer Erpressung unterscheiden zu lernen: Zuerst einmal müssen wir lernen, die Aussagen unseres Gegenübers so objektiv, wie es uns subjektiven Wesen möglich ist, zu betrachten. Haben oder geben Sie die Möglichkeit, auch anders lautende Wünsche und Vorstellungen zu äußern? Weil es schwer ist, hier wirklich zu objektiven Ergebnissen zu kommen, ist es gut, darüber ins Gespräch zu kommen. Der Partner ist dafür natürlich der beste Gesprächspartner, wenn Sie es schaffen, ihn oder sie wirklich nach seiner Sicht zu fragen und sich selbst genug beherrschen, um nicht gleich einzusteigen: »Das siehst du vollkommen falsch!« Ein guter Freund, der Sie nicht nur bestätigt, sondern auch wagt, Kritik zu üben, kann hier hilfreich sein. Oft ist ein Gespräch mit einem Berater oder Seelsorger die beste Hilfe, die eigenen Gedanken zu ordnen.

- *Stimmt das Gleichgewicht zwischen Autonomie und Bindung?* Habe ich das Gefühl, mein Partner entzieht sich mir ständig, oder fühle ich mich stark eingeengt? Denken Sie noch einmal an das Bild von den »Wurzeln und den Flügeln«: Leben Sie miteinander in einer Beziehung, die Verbindlichkeit und Treue mit Freiheit vereint? Wenn Sie z. B. Angst haben Ihrem Partner/Ihrer Partnerin mitzuteilen, dass Sie einen Abend mit Freunden verbringen möchten, ist das ein Anzeichen dafür, dass Sie sich eingeengt fühlen.
- *Gehe ich faule Kompromisse ein?* Beziehungen funktionieren nur, wenn beide Seiten bereit sind, sich auseinander zu setzen. Ein Konflikt an sich ist nicht schlecht oder zerstörerisch – das wird erst dann so, wenn es nur noch ums Recht haben geht. Wir müssen aufeinander zugehen, bereit zu Kompromissen sein – und gleichzeitig unseren Standpunkt vertreten und versuchen, den Standpunkt des anderen zu verstehen.
- *Kann ich in dieser Beziehung meinen Wert behalten?* Die Beantwortung dieser Frage ist oft sehr schwierig, weil sie sehr subjektiv ist. Manch einer fühlt sich sehr leicht ent-

wertet, andere haben da ein dickeres Fell. Eine entwertende Beziehung erkenne ich daran, dass ich in dieser Beziehung immer unsicherer über mich werde. Die Selbstzweifel und Minderwertigkeitsgefühle wachsen, ich werde immer unselbstständiger. Wenn ich diesen Eindruck gewinne, brauche ich einen unvoreingenommenen Gesprächspartner, am besten einen Seelsorger, um zu klären, was dieses Empfinden bewirkt.

- *Gebe ich existenziell wichtige Dinge auf?* In Beziehungen ist es immer wieder nötig, Zugeständnisse zu machen. Aber welche sind tragbar für mich? Ein Beispiel: Freunde von mir wollten heiraten. Besser gesagt: Sie wollte, er machte ihr zuliebe mit. Weil er aber nun schon dieses Zugeständnis an sie machte, bezahlte sie ihrerseits auch mit Zugeständnissen: Sie zog mit ihm in ein Haus, das ihr nicht gefiel, gab ihre Haustiere auf, weil er sie nicht so mochte, und merkte irgendwann, dass »ich heirate dich ja auch, obwohl ich nicht will« zu einem universalen Druckmittel geworden war. Erst als die beiden noch einmal darüber redeten, wurde ihnen klar, was mit ihnen passierte, und fanden dann gemeinsam Auswege aus der Krise.
- *Ist Kritik und das Gespräch über unser gemeinsames Problem möglich?* Selbst wenn alle oben beschriebenen Punkte zutreffen: Solange es möglich ist, den Kreislauf von Forderung – Widerstand – Druck – Drohung – Unterwerfung – Wiederholung anzusprechen und die unterschiedlichen Sichten über diese Beobachtung auszutauschen, ohne dass der Kreislauf gleich wieder neu in Gang gesetzt wird, gibt es vielleicht »schlechte Gewohnheiten« auf beiden Seiten, aber kein »totalitäres Beziehungssystem«. Versuchen Sie auf jeden Fall, Ihre Beobachtungen und Interpretationen in einer ruhigen Stunde zu besprechen. Und zwar nicht als Anschuldigung: »Du gemeiner Erpresser!«, sondern als Beobachtung: »Darüber habe ich

in der letzten Zeit nachgedacht. Wie ist das für dich? Wie siehst du das?«

– *Akzeptiere ich emotionale oder körperliche Gewalt oder übe ich sie aus?* Das ist das letzte Warnsignal. Bedrohungen, sprachliche oder körperliche Angriffe sind gar nicht so selten, wie man denkt. Entschuldigen Sie sich oder Ihr Gegenüber mit »die Nerven verloren«? Hoffen Sie, es würde schon wieder besser, wenn die Umstände sich ändern? Vergessen Sie es. Wenn Gewalt, in welcher Form auch immer, Einzug in eine Beziehung gehalten hat, braucht man Hilfe von außen, um diese Situation noch in den Griff zu bekommen. Das gewohnte Muster von Leiden und Schweigen kann von den Beteiligten selbst fast nie allein gebrochen werden.

Nach der Diagnose ist es nötig, eine Therapie zu entwickeln.

Meine Großmutter zitierte hin und wieder einen Ausspruch, der wohl aus dem Ostpreußischen kommt: »Ja, Kind, jetzt seh ich die Gans, aber wie krieg ich sie am Wickel?« Was sie damit meinte, war: Das Problem habe ich erkannt, aber wie löse ich es jetzt?

Step by Step

»Nicht das, was wir beginnen, zählt, sondern das, was wir zu Ende bringen.«
Emil Oesch

Gehen Sie Schritt für Schritt vor.

– Lernen Sie Ihre eigenen Verhaltensmuster verstehen.
– Lernen Sie, die Verhaltensmuster Ihres Partners zu verstehen.
– Begreifen Sie Ihr Zusammenspiel.
– Treffen Sie Entscheidungen.
– Planen Sie neue Strategien.
– Üben Sie nach und nach neues Verhalten ein: neue Reaktionen, einen neuen Kommunikationsstil …

Veränderung ist immer ein Prozess

Verhaltensänderung ist gar nicht so leicht. Denken Sie einmal über andere Bereiche Ihres Lebens nach: Wie leicht oder schwer ist es für Sie, grundsätzliche Muster zu verändern? Ich weiß ja wirklich oft, was ich tun sollte. Aber es fällt mir nicht leicht, diesem Wissen entsprechend zu handeln. Und genau da liegt das Problem: Die 30 cm vom Kopf bis zum Herzen sind die längsten 30 cm der Welt – oft rutscht mein Wissen nicht bis ins Herz, wird nur zu einer Absicht, aber nicht zu einem Anliegen, das ich mit aller Kraft verfolge. Sich etwas vorzunehmen, ist leicht. Es dann auch auszuführen, nicht immer.

Auch die Bibel kennt dieses Phänomen. Im Alten Testament lesen wir immer wieder davon, wie Menschen, die Gott ganz nahe waren, doch so handelten, wie es dieser Beziehung nun wirklich nicht angemessen war: Mose, Abraham, David – sie alle handelten immer wieder gegen die eigenen Überzeugungen. Die stärkste Erfahrung half da nicht viel.

Auch das Neue Testament bringt uns etliche Beispiele für dieses Phänomen: Petrus, Johannes, die Pharisäer – sie alle und viele mehr blieben sich und ihren Überzeugungen oft nicht treu.

Und Paulus formuliert: »Das Gesetz der Sünde, das in meinen Gliedern wohnt, streitet gegen das Gesetz meiner Vernunft und nimmt mich gefangen. Das Gute, das ich tun will, tue ich nicht, aber das Böse, das ich nicht tun will, das tue ich.« (Römer 7)

Das »Gesetz der Sünde« verändere ich nicht durch Strategien, sondern durch Gottes Hilfe. An der Veränderung der »Gesetze der emotionalen Erpressung« können und müssen wir aktiv mitwirken.

Planvoll handeln

Die »Gesetze der emotionalen Erpressung« sind in uns so gespeichert, dass sie sich automatisch abspulen, oft ohne dass wir es merken. Deshalb müssen Menschen, die sich emotional erpresst fühlen, lernen, planvoll vorzugehen. Eine Hilfe ist hier, sich die **StOP-Methode** anzueignen:

StOP-Methode:

- Strategien erkennen
- Operieren
- Prüfen

Diese Methode möchte ich Ihnen im Folgenden näher erklären. Wichtig dabei ist: Es geht darum, mit emotionaler Erpressung umzugehen. StOP ist eine Methode der Kommunikation für den Ausnahmefall.

1. StOP-Methode: Strategien erkennen

In der ersten Phase der StOP-Methode geht es noch nicht darum zu handeln, sondern darum wahrzunehmen. Es ist sogar gut, wenn Sie es schaffen können, noch nicht sofort aktiv zu werden, sondern sich Zeit zu lassen, die Dynamik Ihrer Beziehung zu verstehen.

Das erste Problem liegt in uns selbst: Wer mit emotionaler Erpressung lebt, hat in vielen Fällen sein Gefühl für die eigenen Grenzen verloren. Innere Grenzlinien haben die gleiche Funktion wie äußere auch: Sie markieren den Übergang zwischen unterschiedlichen Bereichen. Der »offene Grenzverkehr« in Europa bedeutet deshalb nicht, dass Deutschland sich einfach ein Stück der Niederlande einverleiben, die Gesetze dort verändern oder Steuern erheben dürfte.

Wenn im zwischenmenschlichen Bereich eine Grenzüberschreitung droht, gehen unsere inneren Alarmsysteme los. Wer ein gutes Gefühl für seine inneren Grenzen hat, folgt diesem Gefühl und überprüft kritisch, wie darauf reagiert werden kann. So können »Grenzkonflikte« oft schon früh gelöst werden und es entstehen gar keine langfristigen Probleme.

»Probleme sind wie Messer. Sie können uns schaden oder nützen, je nachdem, ob wir sie am Griff nehmen oder an der Klinge.«
James Russell

»Meine Freundin Kathi verfügt über eine gut funktionierende Wahrnehmung ihrer inneren Grenzen. Ein gutes Beispiel ist eine Situation aus ihrem Arbeitsbereich, von der sie mir erzählte. Sie war in eine andere Abteilung versetzt worden, und es wurde schnell klar, dass fast alle Mitarbeiter Probleme mit einem Vorgesetzten hatten, der sich sehr schnell und lautstark aufregte. Manche Kolleginnen kamen weinend aus seinem Büro und sein Brüllen hörte man bis vor die Tür. Dabei beschimpfte er die Mitarbeiter als unfähig, faul und ›zu nichts nutze‹. Als Kathi das erste Mal ebenfalls angeschrien wurde, reagierte sie äußerlich ruhig, ging aber aufgewühlt an ihren Arbeitsplatz zurück. Sie spürte, dass sie diese Situation nicht so stehen lassen wollte. Sie hatte den Gedanken: »Ich bin ein erwachsener Mensch und kein kleines Kind« und erkannte, dass sie sich im Büro ihres Chefs genau so gefühlt hatte. Deshalb nahm sie all ihren Mut zusammen, klopfte an seine Tür und bat darum, kurz mit ihm über das gerade geführte Gespräch sprechen zu können. Als er unwirsch reagierte und sagte, er hätte dazu keine Zeit, bat sie ihn ruhig und höflich darum, ihr einen konkreten Termin für das Gespräch zu nennen, damit sie es einplanen könne. Ihr Anliegen sei ihr sehr wichtig. Als er wieder abwimmeln wollte, wiederholte sie ihren Wunsch nach einem Gesprächstermin ruhig noch zwei Mal, bis er endlich sagte: »Verdammt, dann jetzt, aber nur kurz!« Kathi setzte sich und sagte: »Ich möchte noch mal auf unser Gespräch zurückkommen, das wir vor einer halben Stunde geführt haben. Ich werde sicherlich irgendwann wieder einen Fehler machen. Ich möchte Ihnen sagen, dass ich immer bereit bin, die Verantwortung für meine Fehler zu übernehmen. Ich möchte aber darum bitten, dass Sie mir gegenüber nicht noch einmal so laut werden. Damit kann ich nicht gut umgehen.« Ihr Chef begründete, weshalb er sich aufregte – er fühlte sich den ganzen Tag durch die schlampige Arbeit seiner Mitarbeiter geärgert –, aber Kathi ging gar nicht darauf ein, sondern wiederholte nur noch einmal: »Das ist sicherlich sehr schwierig für Sie, trotzdem bitte ich Sie, mit mir ruhig zu sprechen, und ich sichere Ihnen im Gegenzug zu, offen auf Kritik zu reagieren.« Am Ende des Gesprächs stand von Seiten des Chefs ein grummeliges: »Na gut, ganz falsch ist das ja nicht, Sie sind aber auch ganz schön empfindlich. Regen Sie mich nicht wieder so auf, dann reagiere ich auch nicht mehr so gereizt«. In der folgenden Zeit musste Kathi in zwei weiteren Situationen auf die Aggression ihres Chefs reagieren, aber da sie jetzt vorgewarnt war und sich eine Strategie überlegt hatte, ging das auch. Wenn sie angeschrien wurde, verließ sie mit den Worten »Es tut mir Leid, wir sollten das vielleicht später besprechen« den Raum. Und 5 Minuten später kam sie dann wieder zurück – und meist gelang es wirklich, Probleme in erwachsener Art und Weise zu besprechen. »Ich hatte zuerst etwas Angst, ob ich so vielleicht meine Stelle verlieren könnte«, erzählte sie mir, »aber ich dachte mir: Wenn ich auf dieses Spiel einsteige, gehe ich für immer mit Angst ins Büro. Dann lieber eine kleine Zeit Angst investieren, aber eine Lösung finden.«

Menschen mit einer gestörten Wahrnehmung der eigenen Grenzen übergehen solche Alarmzeichen. Sie nehmen das »Alarmgefühl« der Grenzüberschreitung zum Teil schon gar nicht mehr wahr, halten die Invasion ihres eigenen Raumes für normal und finden sich mit den »Besatzern« ab.

In der Begleitung von Angehörigen Suchtkranker gibt es ein Prinzip, das man *»sehen, was ich sehe«* nennt. Im Miteinander des Beziehungstanzes zwischen Süchtigen und Angehörigen entwickelt sich oft ein interessantes Phänomen: Die Angehörigen beginnen, an ihrer Wahrnehmung zu zweifeln. Sie werden verunsichert, weil ihre Sicht von ihrem Gegenüber immer wieder angezweifelt und ad absurdum geführt wird: »Du irrst dich, das ist nicht so, du bildest dir da etwas ein, wie kannst du nur?«, »Das ist unverschämt.«

In Beziehungen, in denen emotionale Erpressung wirksam wird, hat sich oft eine ähnliche Situation ergeben. Der »Erpresste« zweifelt an seinen Wahrnehmungen.

»Was tun Sie«, wurde Herr K. gefragt, »wenn Sie einen Menschen lieben?«
»Ich mache einen Entwurf von ihm«, sagte Herr K., »und sorge dafür, dass er ihm ähnlich wird.«
»Wer? Der Entwurf?«
»Nein«, sagte Herr K., »der Mensch.«
Bertolt Brecht

Der erste Schritt zur Veränderung muss deshalb darin bestehen, die eigenen Wahrnehmungen, Gefühle, Bedürfnisse und Wünsche wieder wahr- und ernst zu nehmen. Wenn ich achtsam mit eigenen und fremden Grenzen umgehen will, muss ich ja zuerst einmal mein eigenes Land kennen. Ich muss wissen, was ich will und was nicht, was ich fühle, denke und glaube. Das kann mir kein anderer Mensch sagen – ich muss es schon selbst herausfinden.

Wenn Sie sich z. B. unter Druck gesetzt fühlen, nehmen Sie es wahr und gehen Sie verantwortlich vor, auch, wenn Ihr Gegenüber Ihre Sicht nicht teilt.

Es geht allerdings im nächsten Schritt nicht darum, den anderen zu überzeugen, dass Sie Recht haben. Er oder sie muss Ihre Sicht nicht übernehmen. In Beziehungen, in denen sich emotionale Erpressung eingeschlichen hat, ist es oft auch sinnlos zu versuchen, Ihr Gegenüber dazu zu bringen, mit dem für Sie Druck erzeugenden Verhalten aufzuhören. Es geht darum, dass wir lernen müssen, unsere Wahrnehmung ernst zu nehmen und im Problemfall Verantwortung für uns selbst zu übernehmen.

Ich muss mein Verhalten verändern, wenn ich mich in einer Situation nicht wohl fühle. Es wäre schön, wenn alle Menschen von sich aus achtsam mit den Grenzen ihrer Mitmenschen umgingen, aber das ist nicht so. Und dazu muss ich mich ernst nehmen. Es hilft nichts, wenn ich mich still über den anderen ärgere oder seufzend akzeptiere, dass das eben »immer so läuft«.

Die Zeit heilt nicht alle Wunden, und vieles wird auch nicht irgendwann besser, sondern immer nur schlimmer. Darum schließen Sie die Augen nicht mehr vor Ihren eigenen und den gemeinsamen Problemen.

Beschäftigen Sie sich doch einmal intensiv mit einem Text aus der Bibel, dem 139. Psalm. In diesem sehr alten Gebetslied spricht ein Mensch mit Gott über sein Leben. Es lohnt sich, den ganzen Psalm intensiv durchzuarbeiten. Hier jedoch nur ein kleiner Auszug:

> »Herr, du durchschaust mich, du kennst mich durch und durch. Ob ich sitze oder stehe – du weißt es, dir sind all meine Pläne bekannt. Ob ich tätig bin oder ausruhe, du siehst mich; jeder Schritt, den ich mache, ist dir bekannt.«

Niemand kennt die Gedanken und Gefühle eines anderen Menschen ganz und gar – außer unserem Schöpfer. Und der ist zum Glück kein Erpresser, sondern der Erfinder des »freien Willens«. Über die Gefühle und Beweggründe Ihres Partners können Sie nur Vermutungen aufstellen – dasselbe gilt aber auch umgekehrt.

»Sieh, ob ich auf bösen Wegen bin, und leite mich auf ewigen Wegen.«
Psalm 139
Überlassen Sie die Bewertung Ihres Handelns nicht Menschen, durch die Sie sich unter Druck gesetzt fühlen.

- Nehmen Sie Ihre Gedanken und Gefühle wahr und üben Sie auch, sie weiterzudenken, vor sich selbst und anderen auszusprechen.
- Erinnern Sie sich daran: Für seine Gefühle ist der andere selbst verantwortlich. Auch wenn Sie nicht nach seinen Vorstellungen funktionieren, sind Sie kein schlechter Mensch. Er kann genauso gut seine Erwartungen revidieren.
- Üben Sie wachsam Selbstbeobachtung aus, um die eigenen Gefühle und Bedürfnisse kennen zu lernen.

Manche Menschen beten schon jahrelang, dass Gott ihren Partner oder ihre Mutter ändert: Dabei will Gott vielleicht lieber Sie verändern.

Ich betone es immer wieder: Sie haben (auch über den Umweg Gott) keinen wirklichen Einfluss auf einen anderen Menschen. Die einzige Person, die Sie ändern können (und die vielleicht auch Gott gerne ändern würde), sind Sie selbst. Also: *Wenn Sie Ihre Beziehungen ändern wollen, ändern Sie sich.*

Eventuell ist Ihnen jetzt folgender Gedanke gekommen: »Das ist ungerecht. Jetzt soll ich, als das Opfer von Erpressung, die ganze Arbeit machen und der Täter ist fein raus, weil der gar nichts machen muss.«

Zum Teil haben Sie vielleicht sogar Recht. Allerdings eben nur zum Teil: Die Aufteilung in Täter und Opfer ist irreführend. Sie haben sich auf diesen Tanz eingelassen, ihn in sich aufgenommen und mitbestimmt. Vielleicht haben Sie sogar beim Lesen des Buches entdeckt, dass Sie einen Teil des Systems aus Ihrer Ursprungsfamilie mitgebracht haben.

Ein weiterer Pferdefuß beim »Täter-Opfer-Spiel«: Wenn Sie nur Opfer sind und deshalb darauf warten, dass der »Täter« sein Tun erkennt und sich ändert, warten Sie vielleicht ewig. Wir entmachten uns selbst, wenn wir den Schlüssel zu unserem Gefängnis nur dem anderen zuordnen.

• Welche inneren Kräfte wirken in Ihnen?

Wir tragen in uns so etwas wie eine »psychische Landkarte«, die uns immer wieder den Weg weist. Auf ihr sind viele unterschiedliche »Gegenden und Orte« verzeichnet. In manchen von ihnen sind wir zu Hause, manche besuchen wir fast nie (sollten Sie sich in den unteren Begriffen nicht wiederfinden – ergänzen Sie Ihre eigenen!).

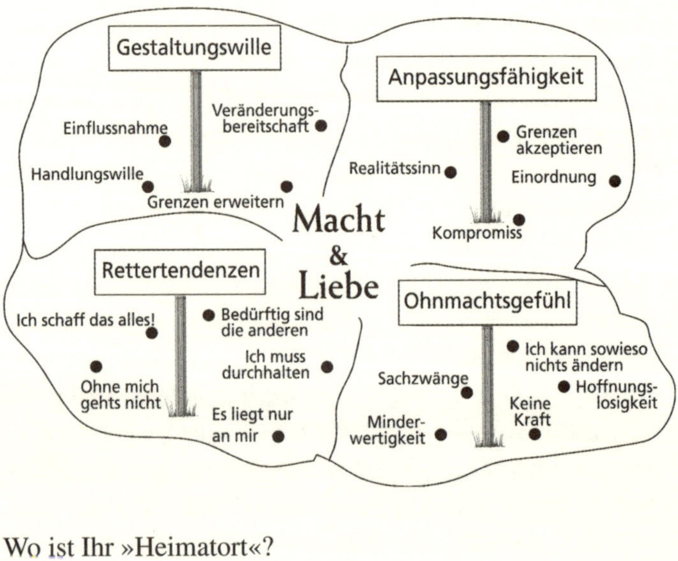

Wo ist Ihr »Heimatort«?

Wo halten Sie sich im Bereich Ihrer Partnerschaft oft auf?

Haben Sie einen »Zielort«?

Je besser Sie diese »innere Landkarte« kennen, umso eher wird es Ihnen möglich sein zu erkennen, wohin Sie innerlich »umziehen« müssen, wenn Sie Ihre Ziele erreichen und für eine gute Partnerschaft eintreten wollen.

Sind Sie schon einmal so weit gekommen, beschäftigen Sie sich weiter mit den Beziehungsspielen, die sich in Ihrer Partnerschaft entwickelt haben.

Welche Strategien der Erpressung gibt es Ihrer Meinung nach in Ihrer Beziehung?

• Aufforderung zum Tanz

Erinnern Sie sich noch an das Bild von der Beziehung als Tanz?

Danach lernen wir in unseren jeweiligen Ursprungsfamilien ein Repertoire an Verhaltensmustern, Regeln, Wahrheiten, Normen, Gewohnheiten und Vorbildern und sind wie in einem Tanzensemble darauf trainiert, unseren Platz in der Familie auszufüllen. *Deshalb ist es nicht möglich, einfach so auszusteigen.* So, wie es einen langen Übungsprozess gegeben hat, um Beziehungsmuster miteinander zu entwickeln, die sich zu einer Atmosphäre emotionaler Erpressung entwickeln konnten, müssen Sie sich auf einen neuen Entwicklungsprozess einlassen, um neue Muster einzuüben. Sie müssen im Grunde ganz neue Verhaltens- und Kommunikationsweisen erlernen. Die alten Muster laufen automatisch in Ihnen und Ihrem Partner/Ihrer Partnerin ab. Sie müssen die alten Rituale aus Widerstand, Druck und Unterwerfung verändern, und das werden Sie gegen innere und äußere Widerstände tun müssen.

Erleben Sie ein Ungleichgewicht? Fragen Sie sich: Was trage ich dazu bei?

Ich bin niemals nur Opfer, aber auch niemals nur Täter. Zu jeder Form von Beziehung gehören mindestens zwei.

In diesem Teil der Reflexion werden Sie vielleicht entdecken, dass auch Sie sich hin und wieder manipulativ und erpresserisch verhalten. Erschrecken Sie nicht, so was passiert. Üben Sie, auszusteigen und erwachsene Strategien zu entwickeln.

Überlegen Sie, wie Sie sich selbst charakterisieren würden. Notieren Sie Ihre 10 wichtigsten Eigenschaften:

1. ______________________________

2. ______________________________

3. ______________________________

4. ______________________________

5. ______________________________

6. ______________________________

7. ______________________________

8. ______________________________

9. ______________________________

10. ______________________________

Nehmen Sie sich Zeit. Notieren Sie, wie sich diese Eigenschaften in Ihrer Beziehung bemerkbar machen: Was tun oder unterlassen Sie aus welchem Grund und mit welchem Erfolg?

1. ______________________________

2. ______________________________

3. ______________________________

4. ______________________________

5. ______________________________

6. ______________________________

7. ______________________________

8. ______________________________

9. ______________________________

10. ______________________________

Überlegen Sie, wie Sie Ihren Partner/Ihre Partnerin charakterisieren würden. Notieren Sie die 10 wichtigsten Eigenschaften:

1. ______________________________

2. ______________________________

3. ______________________________

4. ______________________________

5. ______________________________

6. ______________________________

7. ______________________________

8. ______________________________

9. ______________________________

10. ______________________________

Notieren Sie, wie sich diese Eigenschaften Ihrer Vermutung nach in Ihrer Beziehung bemerkbar machen: Was tut oder unterlässt er/sie Ihrer Meinung nach aus welchem vermuteten Grund und mit welchem Erfolg?

1. ______________________________

2. ______________________________

3. ______________________________

4. ______________________________

5. ______________________________

6. ______________________________

7. ______________________________

8. ______________________________

9. ______________________________

10. ______________________________

Wie funktioniert Ihr gemeinsames Beziehungssystem, Ihr »Tanz«?

Wie wird Ihr gemeinsames Leben in Zukunft aussehen, wenn Sie nichts verändern?

Was ist Ihr Anteil daran, erpressbar zu bleiben, oder was treibt Sie dazu, sich erpresserisch zu verhalten?

• Ermutigen Sie sich selbst

Wenn Sie niemand unterstützt, dann tun Sie es eben selbst. Sagen Sie sich die positiven Sätze, die Sie in dieser Lage gern von anderen hören würden. Sie finden sie leicht heraus, indem Sie

»Vergib uns unsere Schuld, so wie wir denen vergeben, die uns gegenüber schuldig geworden sind.«

sich fragen: »Was würde ich in diesem Fall einer guten Freundin sagen?« Vielleicht: »Du hast schon so viel geschafft. Das kriegst du auch noch hin.« – »Versuch es doch wenigstens mal.« – »Das ist nicht allein deine Schuld. Zu Partnerproblemen gehören immer zwei.« – »Du musst das nicht aushalten.«

•Verbünden Sie sich mit Gott

Tipp:
Beginnen Sie damit, Tagebuch zu schreiben, und halten Sie Ihre Gedanken, Gefühle und Gebete schriftlich fest.

Wir können Gott nicht zu unserem Erfüllungsgehilfen machen und ihn benutzen, unseren »Gegner kleinzukriegen«. Aber wir können ihn bitten, uns zu verändern, uns Mut zu geben und uns in die richtige Richtung zu leiten. In der Bibel werden wir zu einer paradoxen Haltung aufgefordert: Wir sollen unsere »Feinde« lieben, die segnen, die uns Böses wünschen, die »andere Wange hinhalten«, also aus Macht- und Rachekämpfen aussteigen. So verrückt das klingt: Probieren Sie es aus. Wenden Sie sich an Gott und beten Sie: »Ich bitte dich darum, mir meine Schuld in unserer Beziehung zu vergeben. Hilf mir, dass auch ich meinem Partner vergebe, was ich verletzend und einengend fand. Mit deiner Hilfe möchte ich aus den alten Spielen aussteigen. Ich will meinen Partner nicht bekämpfen, sondern auch für mich einzutreten lernen. Ich finde das schwer und ich bitte dich: Hilf mir dabei und zeig mir den Weg.«

Fassen Sie einen festen Entschluss, aus den alten Spielen auszusteigen.

Machen Sie das ganz fest, am besten vor Zeugen. Vertrauen Sie sich einem anderen Menschen an und lassen Sie sich unterstützen.

• Sind Sie herzlos, wenn Sie nicht mehr wie gewohnt reagieren?

Wenn ein Partner beginnt, den gemeinsamen Tanz zu ändern, ruft das oft den Widerstand oder das Misstrauen des anderen auf den Plan. Er kann der Veränderung ja nicht automatisch folgen, sondern muss hier seine eigenen Entscheidungen treffen. Und Ihr Ausstieg aus dem gewohnten Ablauf betrifft ihn oder sie schließlich ebenfalls.

Der beste Weg besteht deshalb darin, diese Gewohnheiten nicht wortlos zu ändern, sondern dem Partner zu erklären, was man tut, und zwar in der »Ich-Form« und ohne Angriffshaltung, z. B. so: »Es geht nicht darum, dich zu gängeln oder dich zappeln zu lassen. Ich weiß nur bisher eben noch keine Antwort und brauche etwas mehr Zeit nachzudenken.«

Es geht ja nicht darum, die Gefühle und Bedürfnisse des anderen zu ignorieren. Das Ziel besteht schließlich nicht darin, dass Sie sich in Zukunft immer durchsetzen. Dies wäre dann nur eine Neuauflage der alten Situation mit umgekehrten Rollen. Machen Sie das deutlich. Den Weg, den Ihr Gegenüber einschlägt, seine Gefühle zu äußern, müssen Sie dennoch nicht unterstützen und gut finden. Da sind unsere Schuldgefühle ein schlechter Berater.

Wahrscheinlich werden Sie gerade in dieser Phase mit Schuldgefühlen kämpfen. Das ist kein Wunder: Sie handeln gegen all Ihre inneren Programmierungen. Akzeptieren Sie das und gehen Sie mit den inneren Anschuldigungen und den Versuchen Ihres Partners, Sie in den alten Tanz zurückzuzwingen, aktiv um.

• Akzeptieren Sie, sich schlecht zu fühlen

Wenn man etwas tut, das letztlich dazu dienen soll, die Beziehung zu verbessern, erwartet man meist als »Belohnung«, sich dabei gut zu fühlen. Das ist aber meist nicht so: Alle Widerstände, inneren Stimmen und Gewohnheiten erheben sich in unserem Inneren und beschweren sich bitter: »Wie kannst du nur! Der/Die Arme, siehst du nicht, wie er/sie leidet? Du bist egoistisch, furchtbar ...« Erwarten Sie diese Anstürme, aber ergeben Sie sich ihnen nicht. Das haben Sie früher getan, und so sind Sie in der Falle geblieben. Machen Sie sich klar: »Ich kann das aushalten!«

2. StOP-Methode: Operieren

Gut, die alten Strategien haben Sie jetzt erkannt. Sie haben auch den klaren Entschluss gefasst: Ich steige aus unseren gewohnten »Spielen« aus. Leider haben Sie deshalb noch keine neuen Gewohnheiten. So landen wir automatisch beim nächsten Punkt unserer »StOP- Methode«: *Wir müssen lernen zu operieren, also zu handeln.*

Im Vorfeld haben Sie sich, wie ich hoffe, schon ein ziemlich genaues, wenn auch evtl. etwas einseitiges Bild von Ihrem gemeinsamen Tanz machen können.

Sie haben erkannt, was Sie als Erpressung erleben, wie Sie darauf reagieren und womit Sie evtl. dazu beitragen, den »Tanz« aufrechtzuerhalten.

Jetzt müssen Sie die Veränderung in die Praxis umsetzen.

• Der Sinn von Auseinandersetzungen

Wenn Sie es wirklich mit Erpressung zu tun haben, werden Sie spätestens jetzt ein sehr mulmiges Gefühl und jede Menge Zweifel entwickeln. Können Sie »das Echo« einer Verhaltensänderung überhaupt aushalten? Ihr Partner wird sich doch nicht einfach so ändern, nur weil Sie sich entschlossen haben, andere Schritte als sonst zu unternehmen?

Nein, Veränderung fordert die Fähigkeit zur Auseinandersetzung mit sich selbst und dem Gegenüber – und das geht eben oft nicht ohne »Kampf«.

Als Maurer auf einer Baustelle bekommt man (selbst als Chef) gesagt, was dem andern nicht passt. Noch dazu kaum freundlicher als unbedingt nötig. Und erstaunlicherweise klappt das Zusammenleben. Eine halbe Stunde nach lautstarken Schimpfworten kann man die Bauarbeiter friedlich nebeneinander beim Essen sitzen sehen. Zu Hause klappt das oft nicht. Manche Streitfälle sorgen noch nach Jahren für schlechte Stimmung.

- Kampf macht uns Angst, denn er birgt die Gefahr zu verlieren. Deshalb versuchen viele Menschen den Situationen, die mit Kampf verbunden sein könnten, auszuweichen. Und ein »Erpressungsopfer« hat in dieser Kunst meist eine jahrelange Praxis.
- Zu kämpfen kann aber auch leicht zum » Zwang« degenerieren.

  In diesem Fall werden überall Feindsituationen erkannt, die den Einsatz von Kampfstrategien notwendig erscheinen lassen. Begreift ein Mensch irgendwann, dass er sich erpresst fühlt, und versucht, daran etwas zu ändern, kann es sehr leicht geschehen, dass er jetzt anfängt, aggressiv gegen den »Feind« zu kämpfen.

Leider bringt das meist nicht viel – nur eine zerbrochene Beziehung.

Ich wünsche Ihnen als Ziel »kämpfen zu können«, nicht gegen Menschen, aber gegen Probleme, und »Stand halten zu können«, nicht durch starres Festhalten am eigenen Standpunkt, aber in der offenen Bereitschaft zur Auseinandersetzung.

Es geht nicht ums »Siegen« oder »Verlieren«.

Was denke, fühle und will ich? Was mein Gegenüber?

Kann ich mich und meinen Standpunkt angemessen vertreten?

Welchen Weg möchte ich dazu wählen?

Welche neuen Strategien will ich dabei ausprobieren?

• Gedankenanstöße zum Strategiewechsel

1. Tun Sie erst mal nichts!

Wenn Sie sich so mit den Strategien beschäftigen, mit denen in Ihrer Beziehung operiert wird, wird es Ihnen nach und nach leichter fallen, die »Aufforderung zum Tanz« zu erkennen und als Forderung wahrzunehmen.

Erinnern Sie sich noch an die Kettenreaktion der emotionalen Erpressung, die mit **Forderung** beginnt?

Das ist sehr wichtig: Denn wenn Sie irgendwann den Anfang der Kette im Alltag erkennen und als Aufforderung verstehen, ins Spiel einzusteigen, haben Sie den Punkt gefunden, an dem Sie am einfachsten wieder aussteigen können. Halten Sie inne – gewöhnen Sie sich an, nicht sofort zu reagieren.

Treffen Sie in dem Augenblick, in dem eine Forderung gestellt wird, keine Entscheidung.

Emotionale Erpressung agiert sehr oft mit dem »Jetzt«: Ihr Gegenüber erwartet von Ihnen sofortige Reaktionen und sofortige Entscheidungen.

Lernen Sie, die »Aufforderung zum Tanz« zu identifizieren: Wo beginnt die Kette von

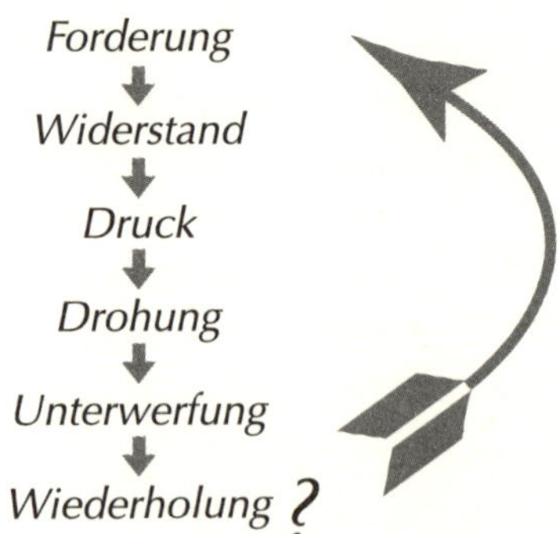

- Zwei Beispiele aus der Praxis

Frau B. schilderte folgende Situation: »Meine Schwester Anna wollte meine Hilfe bei einer Steuersache. Ich war selbst in Schwierigkeiten: An diesem Tag hatte ich die erste einer Reihe von ambulanten Chemotherapien hinter mich gebracht. Mir war speiübel, und ich wollte nur noch ins Bett. Als Anna anrief, dachte ich zuerst, sie wollte sich nach meinem Befinden erkundigen, aber sehr schnell kam sie zum Thema Steuern und bat mich, am Abend noch vorbeizukommen. Ich sagte, im Moment wäre ich einfach zu krank, aber ich würde mich nächste Woche bei ihr melden. Sie reagierte zwar betroffen, aber ihr nächster Satz lautete: ›Ich weiß ja, was für eine starke Person du bist, du kommst mit so was klar. Bestimmt ist es gar nicht so gut, wenn du nur daliegst und grübelst! Kannst du nicht doch heute mal nach meinen Unterlagen sehen? Ich komme auch vorbei, du brauchst gar nicht aus dem Haus. Komm, sag ja!‹ Und als ich mich immer noch wehrte, wurde sie richtig aktiv. ›Das ist doch nun wirklich keine große Sache! Ich muss immer mit allem allein klarkommen, ich schaff das nicht, ich bin fix und fertig vor lauter Angst vor der Geschichte. Ich kann keine Nacht schlafen. Aber gut, wenn's denn nicht geht. Aber es wäre nur ganz kurz ...‹ Und so ging es weiter, bis ich entnervt sagte: ›Gut, dann komm, aber nur eine halbe Stunde!‹ Wir saßen den ganzen Abend an der Sache und ich hörte mir die ganze Zeit an, wie schlecht es Anna ging und wie böse die Behörde war, die einfach Steuern wollte, und dass man für so was Hilfe brauchte, aber sie hätte ja nicht mein Einkommen und könnte sich nicht für alles Lakaien besorgen. Das ist so typisch für uns: Ich kann mich nicht wehren und Anna bohrt so lange, bis ich nachgebe!«

Eine Frau in der Verarbeitung ihrer Scheidung: »Jan und ich hatten oft Probleme, weil ich das Geld schneller ausgebe, als wir es verdienen konnten. Da kamen wir oft ganz schön in finanzielle Schwierigkeiten. Wir haben deshalb abgemacht, größere Ausgaben gemeinsam abzusprechen, aber das half auch nichts, ich redete ihn irgendwie platt! Ein gutes Beispiel war die Sache mit dem neuen Computer. Unser alter ging noch, aber irgendwann muss der schon mal ersetzt werden. Er war langsam und ich bekomme immer Wutanfälle, wenn ich warten muss. Der Monat war schon relativ knapp, als es bei Aldi Computer gab. Und ich wollte unbedingt einen haben. Ich saß im Geschäft auf einem der PCs, telefonierte mit Jan und wurde fast irre, weil er nicht sofort begeistert war. Ich machte ihm klar, das wäre eine einmalige Gelegenheit, die gäb's nie wieder. Und der Dispo wäre ja nicht ganz ausgeschöpft, und was wir alles sparen würden, wenn wir nicht mehr so lange warten müssten, bis sich eine Internetseite aufgebaut hätte. Ich redete, nörgelte, schmollte, weinte fast, weil er immer noch nur davon sprach, wir könnten uns das zur Zeit nicht leisten und müssten das Geld für einen neuen Computer erst zusammensparen. Als ich heimkam, konnte ich an nichts anderes denken, und als Jan kam, fand er mich schimpfend an unserem ›Mistding, eine Zumutung!‹ und ich nörgelte den ganzen Abend. Er hatte Computerprospekte und eine Zeitung mit Tests mitgebracht, aber das wollte ich mir nicht ansehen. Zur Schlafenszeit nahm ich dann meine Decke und ging ins Gästezimmer, weil er mich so gekränkt hatte und wie ein Kind behandelte. Vorher erklärte ich ihm natürlich noch einmal genau, was für eine Chance wir durch seine Sturheit verpasst hatten. Ich fühlte mich wirklich ganz schlecht behandelt. Am nächsten Morgen gab

Jan endlich klein bei – er erklärte sich mit dem Computerkauf einverstanden und ich erwischte sogar wirklich noch so einen Aldi-Computer. Ich war euphorisch und glücklich, küsste ihn, machte ein wunderbares Essen und belohnte ihn mit meinem glücklichen Gesicht und einer weiteren Belohnung später im Bett. Es ist verrückt, so ist das immer wieder zwischen uns gelaufen – bis er einfach gegangen ist. Ich habe ihn angefleht, uns eine Chance zu geben, aber er hat nur gesagt: ›Ich kann nicht mehr, ich kann keinen Tag mehr mit dir kämpfen.‹«

Bei »Wer wird Millionär?« stellt der Moderator eine Frage und bietet vier Antworten zur Auswahl an. Sobald die Frage gestellt wird, beginnt die Zeit zu laufen: Wer nicht im vorgegebenen Rahmen antwortet, hat verloren.

So ähnlich läuft es auch im Rahmen emotionaler Erpressung: Die Forderung liegt auf dem Tisch, die erwartete Antwort ist auch schon klar – jetzt müssen Sie nur noch Ja sagen, und zwar plötzlich. Ist es die richtige Antwort, bekommen Sie eine Belohnung; wenn nicht, gibt es Druck. Interessant ist, dass wir dieses Szenario oft ungeprüft akzeptieren, ohne zu fragen, ob unsere Reaktion jetzt wirklich sofort erfolgen muss. In sehr vielen Fällen liegt nämlich eigentlich gar keine Dringlichkeit vor. Das »Aldi-Schnäppchen« zum Beispiel mag zwar verführerisch sein, aber es wird nicht die einzige Möglichkeit bleiben, preiswert an einen guten Computer zu kommen.

Um da auszusteigen, braucht es einen festen Entschluss. Er lautet: Ich habe ein Recht darauf, Entscheidungen in Ruhe zu treffen.

Es kann sehr helfen, sich vorher zu überlegen, was Sie in einer solchen Situation konkret sagen möchten.

Wie wäre es zum Beispiel mit:

- Ich denke drüber nach.
- Ich brauche etwas Zeit, um darüber nachzudenken. Ich würde darüber gern morgen weiter mit dir reden.
- Ich will mir das durch den Kopf gehen lassen.
- Lass mir 10 Minuten Bedenkzeit.
- Ich bin mir noch nicht klar. Lass mich mal bis morgen überlegen.

»Macht euch keine Sorgen, sondern wendet euch in jeder Lage an Gott und bringt eure Bitten vor.« Philipper 4,5-6a

Falls Sie ein Mensch mit einer Gottesbeziehung sind, sind Sie sicher sowieso daran gewöhnt, Entscheidungen mit Gott zu besprechen (wenn Sie keine Gottesbeziehung haben, sollten Sie das trotzdem ausprobieren!). Wahrscheinlich wird Ihnen dazu aber keine Zeit gelassen, wenn Sie in ein »Erpressungsspiel« geraten. Das sollten Sie in Zukunft nicht mehr erlauben. Sorgen Sie dafür, dass Sie Zeit gewinnen, sich mit Ihrem Schöpfer zu besprechen, und sagen Sie das auch deutlich, z. B. so:

- Ich möchte darüber nachdenken und es mit Gott besprechen. Morgen sehen wir weiter.

Wenn Ihr Gegenüber versucht, Sie zu einer sofortigen Entscheidung zu drängen, fangen Sie nicht an zu argumentieren, sondern wiederholen Sie diese Sätze immer wieder von Neuem.

Wie viel Zeit Sie brauchen, hängt sicher vom Problem ab. Ob Sie heute Abend die Schwiegermutter von der Bahn abholen können oder nicht, können Sie sicher relativ schnell entscheiden, aber wenn es um weit reichende Entscheidungen geht, sollten Sie sich so lange Zeit nehmen, wie Sie brauchen.

2. Lassen Sie sich bei Ihren Entscheidungen nicht mehr von »schiefen Wahrheiten« leiten.

Im Umgang mit Erpressern haben wir keine Chance, wenn wir ihnen innerlich immer wieder in die Hand spielen, indem wir »schiefe Wahrheiten« akzeptieren.

> »Meine Frau sagt mir nicht, was sie von mir will, sie lässt mich nur spüren, wenn ich mich falsch verhalten habe. Dann zieht sie sich zurück, redet nicht mit mir, sie weint viel, sagt, es hätte doch alles keinen Sinn. Ich versuche dann herauszufinden, was ich hätte tun oder lassen sollen. Ich bin einerseits wütend, aber ich habe auch Schuldgefühle, weil ich anscheinend schon wieder etwas angestellt habe, was sie verletzt. Wenn ich es nicht schaffe, auf den Auslöser zu kommen, sagt sie: ›Siehst du, du liebst mich nicht. Du erkennst noch nicht mal, wie sehr du mich verletzt. Wer liebt, weiß, was in seinem Partner vorgeht.‹ Wenn ich es schaffe, tut es mir auch Leid, obwohl es oft Kleinigkeiten sind und ich in der letzten Zeit manchmal gedacht habe, sie hätte mir einfach sagen können, was sie möchte, ich hätte es ihr gern gegeben.«

Der Mann in dem Beispiel fällt immer wieder auf die »schiefe Wahrheit« »Wahre Liebe erfüllt die Wünsche des Anderen, ohne dass sie geäußert werden« hinein. Weil sie in ihm verankert ist, trägt er seinen Teil zum »Beziehungsspiel« des Paares bei. Er kommt gar nicht auf die Idee auszusteigen und seine Entscheidungen sind durch diese »schiefe Wahrheit« getrübt.

Nutzen Sie die Bedenkzeit, die Sie sich ausbitten, um zu erkennen, ob und wie »schiefe Wahrheiten« Ihr Verhalten und/oder das Verhalten Ihres Partners beeinflussen, und beginnen Sie, neue innere Gesetze dagegenzusetzen, zum Beispiel:

- Wenn ich Achtung will, muss ich die anderen und auch mich selbst achten. Ich will deshalb achtungsvoll mit meinem Partner umgehen und ich muss Schimpfworte, Drohungen und andere Formen von Missachtung nicht akzeptieren. In solchen Fällen werde ich deutlich sagen: »So rede ich nicht weiter!«, und ich werde gehen, wenn es nicht aufhört. Ich selbst werde mich bemühen, mich ehrlich und achtungsvoll zu verhalten.
- Es ist mir nicht möglich, die Gedanken eines anderen Menschen zu lesen. Ich muss es auch nicht versuchen. Die Zeit, in der die Umwelt herausfinden muss, was ein Mensch braucht, ohne dass er es sagt, endet mit dem 3. Lebensjahr. Meine Partner sind selbst verantwortlich mitzuteilen, was sie von mir möchten.
- Was wir uns wünschen, können wir nicht immer bekommen. Trotzdem will ich Verantwortung für meine Bedürfnisse und Wünsche übernehmen. Unsere Wünsche nicht zu verneinen, sondern sie zu erfüllen oder sie zu verändern – das ist der Auftrag.
- Um geliebt zu werden, müssen wir lieben – nicht als Methode, sondern in einer offenen und achtungsvollen Haltung allen Menschen gegenüber.
- Ich will nicht erwarten, von jedem Menschen geliebt zu werden. Ich will mich zwar nicht um jeden Preis durchsetzen, das bedeutet aber nicht, dass es keine Differenzen und unterschiedlichen Standpunkte geben darf. Wenn sich darüber jemand ärgert, kann ich das aushalten.
- Um nicht in Erwartungen unterzugehen, müssen wir lernen, klar zu reden, unsere Ziele klar zu haben und unsere eigenen Erwartungen auf ihren Realitätswert zu überprüfen.
- Um beschenkt zu werden, brauche ich offene Hände und die Bereitschaft, auch zu schenken. Ich will gerne und ohne Hintergedanken geben, aber ich muss mich keinen Erpressungsforderungen stellen.

Nächsten wie dich selbst.« Die Reihenfolge dabei ist wichtig: Gott zuerst – mit Herz und Verstand (man darf also glauben und denken), mein Nächster und ich haben dann den gleichen Wert. Erst wenn Sie diesen Regeln zuwiderhandeln, müssen Sie alarmiert sein.

Nur Ehrlichkeit hilft weiter.

Der Weg hinaus aus diesem Teufelskreis geht nur über Ehrlichkeit und Offenheit. Wenn Sie also nur den Hauch von einer Verstimmung spüren, sollten Sie Ihren Gesprächspartner sofort nach seinen Erwartungen fragen. Alles, was einmal ausgesprochen wurde, kann nicht mehr ungefiltert geschluckt werden.

Den Umgang mit Menschen kann man verbessern. Man lernt es aber nur, wenn man sich darüber klar wird, dass man selbst noch nicht perfekt ist. Das ist der erste und wichtigste Schritt: Machen Sie sich klar, dass Sie im Umgang mit Menschen noch dazulernen können.

3. »Dein Ja sei ein Ja ...

...ein Nein sei ein Nein«. So heißt eine Empfehlung aus dem Neuen Testament. Ein kluger Rat: Üben Sie, zu entscheiden und Ihre Entscheidungen klar mitzuteilen!

Ärgern Sie sich oft darüber, wieder »Ja« gesagt zu haben, obwohl Sie es nicht wollten? Scheint man zu überhören, wenn Sie etwas wollen? Oder haben Sie den Eindruck, Ihr Ja und Nein kommt bei Ihrer Umwelt nicht an?

- Nein sagen tut weh: Schon als kleines Kind haben Sie gelernt, sich um das Wohl Ihrer Umgebung zu kümmern. Sie möchten niemanden enttäuschen, kränken oder verletzen. Tun Sie es doch, plagen Sie Schuldgefühle.
- Nein sagen stört das Ego: Sie sehen sich gern als treue Freundin, guten Partnern, loyale Kollegin, gute Eltern oder guten Sohn. Dazu passt es schlecht, eine Bitte abzuschlagen oder sich zu verweigern.

– Nein sagen macht unbeliebt: Ihr Image bekommt Kratzer. Am Ende schätzt oder liebt man Sie weniger, weil Sie so abweisend sind.
– Nein sagen ist gefährlich: Wer ablehnt, schafft sich Feinde. Das könnte sich negativ auf Ihre Karriere, das Familienklima oder die Nachbarschaft auswirken.

Wenn es uns schwer fällt, unsere Meinung und unsere Wünsche klar zu formulieren, liegt das wieder einmal oft an unseren früh erlernten »Tanzmustern«. Als Erstes wären da die »Gefälligkeitsmuster« zu nennen: »Du musst hilfsbereit und gefällig sein!« oder »Du darfst niemanden enttäuschen!« Die zweite Gruppe sind die »Lieb-mich-Tänze«: »Wenn ich anderer Meinung bin, mag man mich nicht mehr!« oder »Alle sollen mich mögen!« Die Angst ist der Tanzmeister in der dritten Gruppe der Beziehungstänze: »Wenn ich mich nicht wehre, kann ich auch nicht verlieren« oder »Ich kann mich gegen die Übermacht sowieso nicht wehren!« Schuldgefühl, Selbstunsicherheit, Konfliktscheue und »Menschenfurcht« bilden das Orchester, nach dem wir tanzen. Also sagen wir entweder Ja und ärgern uns hinterher über uns selbst oder wir erfinden Notlügen und Ausreden. Wenn wir dieser inneren Musik folgen, sind wir wie ein Blatt im Wind: Mal werden wir hierhin getrieben, mal sitzen wir dort fest. Klar, dass Sie Harmonie wollen und ein harsches Nein lieber vermeiden. Dadurch verschaffen Sie sich zwar kurzfristig Luft, geraten auf Dauer aber noch mehr unter Druck. Ihr Nein ist nur aufgeschoben, nicht aufgehoben.

Klar und eindeutig Ja und Nein zu sagen ohne Druck auszuüben und ohne Versteckspiel ist eine Kunst, die viele Menschen nicht beherrschen. Ein paar der Fallen, die uns in der Grauzone zwischen Ja und Nein halten, möchte ich Ihnen vorstellen.

»Ich antworte mit einem klaren *Jein*!«, »Also weißt du, eigentlich hab ich ganz wenig Zeit …«, »Ich würde unter Umständen ganz gerne, natürlich nur, wenn das geht …«, »Vielleicht könnten wir es eventuell so machen?«

Manchmal kommt man sich in einem Gespräch vor wie beim Ostereiersuchen: In der Aussage meines Gegenübers ist zwischen den Zeilen herauszuhören, was der andere denkt. Der Zuhörer hat so was wie die Funktion eines Quizshowkandidaten und soll die richtige Antwort erraten und darauf reagieren, zum Beispiel so: »Ich höre schon, du möchtest nicht. Kein Problem, dann machen wir es anders!« oder »Willst du heute vielleicht mal das größere Stück Kuchen?« Leider sind nicht alle Menschen gut im Rätselraten – und andere, die sehr gut wissen, was gemeint ist, haben eine feine Möglichkeit konfliktarm ihre Sache durchzuziehen. Und so kommt dann eher die Reaktion: »Super, dass du das machst, ich wusste, auf dich ist Verlass!« Der Rat aus der Bibel bedeutet in unserem Fall: Nutzen Sie die Auszeit, die Sie sich durch Ihr »Nicht-Sofort-Reagieren« auf eine Forderung geschaffen haben, dazu, Ihren Standpunkt zu klären: Was wollen Sie, was wollen Sie nicht?

Wenn Sie Ihren Standpunkt haben, formulieren Sie ihn so klar wie möglich zuerst einmal für sich allein:

Das möchte ich, das möchte ich nicht

Zu folgenden Kompromissen bin ich bereit

Ein fauler Kompromiss, den ich nicht eingehen möchte, wäre:

Wenn Sie im späteren Gespräch feststellen, dass die Argumente Ihres Gegenübers Sie so überzeugen, dass Sie Ihren Standpunkt ehrlich wechseln können, tun Sie es offen. Wenn nicht, vertreten Sie Ihre Sicht ruhig und ohne Angriff. Allerdings sollten Sie hier damit rechnen, dass Ihr Gegenüber jetzt nicht einfach aufgibt.

• Äußere Fallen: Kampf-Rhetorik

Es gibt Menschen, die einfach geschickt darin sind, Ihre Ziele im Gespräch durchzusetzen. Die Mittel dazu sind zum Beispiel *Fragearten/-techniken:* »Wer fragt, führt« – heißt es ganz richtig. »Warum möchtest du das nicht?« ist eine offene Frage nach Information. In den Händen eines »Kampf-Rhetorikers« kann sie aber eine unschlagbare Waffe werden.

> »Eine Sache macht mich an meiner Frau ganz irre: Das ewige ›Warum?‹ Sag ich: ›Ich würde gern essen gehen‹, und sie will das nicht, sagt sie nicht: ›Ich hab keine Lust, lass uns was anderes überlegen‹, sondern sie fragt: ›Warum?‹ Ich antworte dann zum Beispiel: ›Weil ich Hunger hab und nicht kochen möchte‹, und sie nimmt meine Begründung dann auseinander. ›Warum hast du keine Lust? Ich koche doch sowieso, du kannst dich an den gedeckten Tisch setzen und musst keinen Finger rühren, das tust du hier bei uns ja sowieso nicht, also warum teures Geld ausgeben und essen gehen? Wo wir sowieso so knapp sind? Aber wenn du unbedingt willst, gehen wir natürlich, aber ich frag mich ehrlich, warum?‹«

Das Frage-Prinzip kann sehr leicht missbräuchlich verwendet werden.

Gegenfragen lenken schnell vom Ausgangsthema ab und bringen uns damit ins Schwitzen. »Ich möchte mit dir über unseren Urlaub reden. Du möchtest gern an den Gardasee, ich möchte gern nach Helgoland. Lass uns mal überlegen, ob wir eine Lösung finden, die wir beide gut finden. Wann passt es dir?« – »Warum hast du dann nicht schon lange gesagt, dass dir das mit dem Gardasee nicht passt? Jetzt habe ich mich so gefreut, ich habe so wenig Urlaub und immer geht alles schief, und jetzt wird es auch mit dem Gardasee wieder nichts ...« Hier leitet die Frage über in das Gebiet »Keiner liebt mich und keiner nimmt mich ernst.« Beim *Kreuzverhör* wird »der Gegner« mit kurzen, knappen und harten Fragen ausgehebelt. Die Beweislast liegt bei ihm und er kommt in die Position, »erklären« oder sich verteidigen zu müssen (Prinzip: Wer sich verteidigt, ist schon im Rückzug).

»Der dümmste Mensch kann mehr fragen, als der klügste beantworten kann.« (Sprichwort)

Unterstützt wird diese Angriffsform meist mit entsprechenden Gesten und Körperhaltung (Raum nehmen, bedrängen, harte Gesten ...). Die Gerichtssendungen, die man heute fast auf jedem Fernsehkanal findet, sind ein guter Anschauungsunterricht für Menschen, die »Kreuzverhöre« im Alltag besser erkennen wollen. Der Staatsanwalt arbeitet mit geschlossenen Fragen (»Es stimmt doch, dass sic am 17.12. um 13.42 Uhr in der Landeszentralbank Düsseldorf waren?«). Das Kennzeichen einer geschlossenen Frage ist die Forderung einer »Ja-Nein«-Antwort, manchmal auch dort, wo das kaum möglich ist (»Du willst mir doch jetzt nicht wirklich erzählen, du hättest keine Zeit?« oder »Meinst du wirklich, deine alte Mutter hat kein Herz und fühlt nicht, wenn man sie immer wieder verletzt und zurücksetzt?«).

Alternativfragen (»Willst Du X oder Y«) lassen uns nur scheinbar eine Wahl.

Neben der Fragetechnik gibt es aber noch andere Formen der Kampf-Rhetorik, zum Beispiel das *bewusste Erzeugen negativer Gefühle und Eröffnung von »Nebenkampfplätzen«*.

Reagiert ein Gesprächspartner emotional, ist es oft sogar gut, ein Gespräch später weiterzuführen. Mancher »Kampf-Rhetoriker« versucht deshalb, einen ruhig argumentierenden

Menschen zu provozieren und in unruhiges Fahrwasser zu bringen: weg vom eigentlichen Sachverhalt, hin zu Vorwürfen und Unsachlichkeit. Das Prinzip »Menschen von Problemen trennen« wird hier umgekehrt. Als Ergebnis ist nicht nur das Denken des Gesprächspartners blockiert, der »Kämpfer« kann sich auch noch gekränkt zeigen und eine andere Form der Gesprächsführung verlangen und es ist es ein Leichtes, eine solche Situation auszuspielen (»Wenn du nicht sachlich reagieren kannst, bringt es nicht viel, weiterzureden«, »Du kannst nichts als heulen!«). So wird nicht nur das Gespräch unterbrochen und der Schauplatz neu bestimmt, evtl. gelingt es auch, dem »Konfliktgegner« ein schlechtes Gewissen zu machen. Am klügsten reagieren Sie, wenn Sie die Unterbrechung ebenfalls akzeptieren und die Zeit nutzen, sich zu beruhigen und Ihre Gedanken neu zu ordnen. Was möchten Sie erreichen, wie sieht Ihr Ziel aus, welche Argumente haben Sie? Dann sorgen Sie dafür, dass das Gespräch wieder aufgenommen wird.

Zum Repertoire der »Kampf-Rhetoriker« gehören oft auch *versteckte oder offene Drohungen*. Druckmittel und Drohungen sind klassische Taktiken mit dem Ziel, die Entschlusskraft des »Gegners« zu schwächen, um die eigenen Interessen einseitig durchzusetzen. Dazu mehr im Kapitel über »Gewalt in der Partnerschaft«.

• Krankheit als Druckmittel

Als eine versteckte Form der Beeinflussung wurde schon der Missbrauch von Krankheitssymptomen erwähnt: Ein drohender Herz- oder Asthmaanfall kann ein hervorragendes Druckmittel sein.

»Die Erkrankung meines Mannes hängt wie ein Damoklesschwert immer über uns. Wenn er unter Druck gerät, bleibt ihm die Luft weg, diese Atemnot ist furchtbar mit anzusehen und ich weiß, dass er sehr leidet. Irgendwie hat sich deshalb zwischen uns eingebürgert, dass ich versuche, allen Druck, auch in der Familie, von ihm fern zu halten. Mich hat sehr erschreckt, was mein Sohn letztens sagte. Er will seine Lehre als Schreiner abbrechen und eine Ausbildung zum Altenpfleger machen. Und wie durch ein Wunder hat er auch einen Ausbildungsplatz bekommen und die Finanzierung geklärt. Jetzt stellte er uns vor vollendete Tatsachen und teilte uns im gleichen Aufwasch auch noch mit, er würde dann in eine Wohngemeinschaft mit drei Freunden ziehen. Meinen Mann regte das furchtbar auf, er rang nach Luft und ich machte mir Sorgen. Deshalb nahm ich den Jungen beiseite und sagte: ›Siehst du nicht, wie sehr das deinen Vater aufregt? Komm, überleg dir die Sache doch noch mal, Junge!‹ Aber Heiner sah mich ganz ruhig an und sagte: ›Mama, weißt du eigentlich, dass Papa mit seiner Krankheit die ganze Familie dirigiert? Und dass du seine Komplizin bist? Mein ganzes Leben lang hat ein tiefes Luftholen meines Vaters bedeutet, dass du sofort auf seine Seite gewechselt bist. Weißt du noch, ich wollte doch gar keine Schreinerlehre machen, ich wollte von Anfang an mit Menschen umgehen. Aber Papas Wunsch war Gesetz, ›Reg ihn nicht auf!‹, hast du gesagt, wenn ich mit ihm darüber geredet hatte. Ich hab Papa lieb, ich glaube auch nicht, dass er das extra macht, aber ich will das Spiel trotzdem nicht mehr mitspielen. Das ist letztlich auch der Grund, weshalb ich ausziehen möchte: Ich brauche etwas Platz zwischen Papa und mir, sonst verhalte ich mich irgendwann so, dass es mir hinterher Leid tut.‹ Ich habe darüber viel gegrübelt und ich glaube, er hat Recht. Mein Mann diktiert mit seinem Asthma in unserer Familie im Grunde jede Entscheidung: Wohin wir in den Urlaub fahren, ob ich Freunde besuche oder nicht, wofür unser Geld ausgegeben wird und wofür nicht, wie die Kinder sich verhalten sollen. Mir ist das so nie wirklich bewusst geworden, aber eigentlich liegt die Drohung ›Wenn ihr euch gegen mich wendet, werde ich ersticken‹ irgendwie immer im Raum. Und ich habe viel dafür getan, dass das so geworden ist. Ich habe meine Meinung eigentlich fast immer für mich behalten, wenn ich dachte, sie würde ihm nicht gefallen. Deshalb habe ich mich diesmal entschlossen, Heiner zu unterstützen. Ich habe mit meinem Mann geredet und ihm gesagt: ›Ich glaube, Heiner sollte seinen Weg gehen dürfen. Und wenn er Altenpfleger werden will, ist das seine Entscheidung.‹ Meinem Mann ging es danach nicht gut und das tat mir wirklich Leid. Aber ich habe gemerkt: Wenn ich weitermache wie bisher, ist es weder für ihn noch für die anderen in der Familie gut.«

In einem solchen Fall ist es wichtig, offen, eindeutig, aber freundlich zur reagieren, vielleicht so: »Ich merke, dass dich dieses Thema aufregt und dir körperlich nicht gut tut. Ich bin gern bereit, unser Gespräch zu verschieben. Das bedeutet allerdings nicht, dass ich meine Meinung jetzt geändert habe.«

• Hilfen zum »Nein« sagen

– *Entscheiden Sie sich und wählen Sie eine eindeutige Sprache:* kein vielleicht, eigentlich, unter Umständen, wäre schön wenn …, sondern: Das ist meine Meinung/mein Standpunkt: Wie sieht deiner aus?
– *Klären Sie vorher:* Was ist für Sie aufgebbar, was nicht? Entscheidungen sind manchmal wie Pakete. Sie enthalten verschiedene Elemente. Machen Sie sich vorher klar, wo Sie Kompromisse eingehen können und wo es Ihnen nicht möglich ist.

- *Sprechen Sie keine persönliche Ablehnung aus, bleiben Sie bei sich* (z. B. »Danke, aber ich habe mich dagegen entschieden. Für mich ist das nichts, aber wenn du es allein machen möchtest, ist das für mich kein Problem.«).
- *Sie bekunden generell Zustimmung und appellieren in diesem speziellen Fall an Rücksicht* (z. B. »Grundsätzlich ist das sicher dran, aber heute schaffe ich es nicht.«).
- *Sie verweigern mit Witz und Humor.* Auf diese Weise wirken Sie trotzdem nicht zickig. (Gutes Beispiel ist Adenauer, der oft mit Humor auf Angriffe reagierte. Als er z. B. darauf angesprochen wurde, dass er zu einem bestimmten Thema jetzt ganz andere Aussagen machte als noch vor ein paar Wochen, sagte er: »Der Russe, meine sehr verehrten Damen und Herren, der Russe wartet doch nur auf jedes Wort aus meinem Munde. Und wenn ich mal wat Falsches jesagt habe, dann nur, um den Russen zu täuschen.« [aus: Curt Tengelmann: Die Kunst des Verhandelns. Heidelberg 1979])

• Umgang mit echten und falschen Schuldgefühlen

Der Umgang mit den eigenen Schuldgefühlen ist für Menschen, die in Strukturen emotionaler Erpressung verfangen sind, meist sehr schwierig.

Schuldgefühle gehören neben Angst zu den wichtigsten »Waffen« von Menschen, die mit der Methode der emotionalen Erpressung arbeiten.

Schuldgefühle können uns sehr zusetzen, und dabei ist es gar nicht wichtig, ob sie durch eine reale oder eine eingebildete (oder eingeredete) Schuld ausgelöst wurden.

> »Deine Pfeile stecken in mir, deine Hand drückt mich. Meine Schuld wächst mir über den Kopf. Wie eine schwere Last ist sie zu schwer für mich. Ich bin ermattet und ganz zerschlagen. Ich schreie aus dem Stöh-

nen meines Herzens. Ich bekenne meine Schuld und bin bekümmert wegen meiner Verfehlungen ...«
aus Psalm 38

»Meine Schuld wächst mir über den Kopf ...«

So lautet das eindrucksvolle Gebet eines Menschen als dem alten Israel.

Schuldgefühle können sich bis in den körperlichen Bereich hinein auswirken: Mancher Kopfschmerz, manches Rückenproblem hat als Auslöser unverarbeitete Schuldgefühle.

»Schuld« – was ist das überhaupt?

Das deutsche Wort Schuld hat mit »Schulden« zu tun: Ich habe Schulden – da gibt es etwas zu bezahlen, eine Rechnung steht noch offen. Diese Schulden setzen mich unter Druck: Ich weiß um die noch ausstehenden »Zahlungen«, ich weiß um meine Verantwortung. Das »Gewissen« ist dabei so etwas wie mein innerer »Inkassobetrieb«: Es erinnert mich an die ausstehenden Zahlungen. Dieses Bewusstsein von Schuld setzt einen Menschen oder eine Instanz voraus, die Anrecht auf meine »Zahlung« hätte.

Diesen Umstand macht sich die emotionale Erpressung zunutze. Indem die offenen Posten immer wieder vorgerechnet werden, gelingt es leicht, den Partner zu Anpassung und Wohlverhalten zu zwingen.

- »Ich weiß ja, für alles hast du Zeit, nur nicht für deine alte, kranke Mutter!«
- »Wenn du mich lieben würdest …«
- »Nach allem, was ich für dich getan habe …«
- »Kannst du denn nicht ein einziges Mal …«
- »Wenn dir das wichtiger ist …«
- »Dann muss ich es eben wieder mal alleine machen!«

Ein »geübter Erpresser« »hat jede Menge solcher Pfeile in seinem Köcher«, und neben solchen Aussprüchen auch alles, was es an Körpersprache und Tonfall bedarf, der Sache Gewicht zu geben:

- traurige Blicke
- schweres Seufzen
- ein kaltes Sichabwenden
- bedeutungsvolles Schweigen
- Tränen
- Atemnot, Herzschmerzen oder Kopfweh

Im Beziehungsspiel der emotionalen Erpressung sind das alles »Aufforderungen zum Tanz«, und beide Partner verhalten sich wie das eingespielte Team, das sie sind.

Echte und falsche Schuldscheine

Nur wenn ich einen unechten »Schuldschein« akzeptiere, kann mein Gegenüber mich damit erpressen.

Manchmal liegt einem Schuldgefühl eben keine reale Schuld zugrunde, sondern falsche Schuldgefühle oder »Schuldideen«. Allerdings kann ein anderer Mensch keine falschen Schuldgefühle in mir auslösen, wenn ich es nicht irgendwie zugelassen habe:

- In meiner Entwicklung/Erziehung sind bestimmte Dinge mit dem Etikett »Schuld« belegt, die dieses nicht verdienen: die Ablösung von den Eltern, Nein sagen, sich durchsetzen, Sexualität an sich: Das alles kann für einen Menschen zur Schuld werden, obwohl er sich vielleicht objektiv vollkommen richtig verhält. Im Extremfall zerquält sich der Betroffene mit Schuldgefühlen, sie werden aber nicht verarbeitet, sondern innerlich nur endlos diskutiert. Diese Form der falschen Schuldgefühle ist schmerzhaft, aber beeinflussbar: Seelsorgliche Gespräche können die Entstehung dieser Gefühle aufdecken und die Heilung der zu Grunde liegenden Verletzungen anstoßen.
- Es gibt aber auch (neurotisch) konstruierte Schuldgedanken, die sich wie ein Wahn festsetzen können. Alles wird zur Schuld, ein Mensch fühlt sich für alles Mögliche schuldhaft verantwortlich. Und sei es für Naturkatastrophen. Ein solcher Schuldwahn ist als krankhaft einzustufen und von außen nicht zu brechen. Hier reicht Seelsorge allein nicht aus, ärztliche Hilfe ist erforderlich: Ein Schuldwahn kann durch Medikamente seine Intensität verlieren. Sobald eine Entspannung eingetreten ist, wird es evtl. leichter, Vergebung anzunehmen.

Erinnern Sie sich daran, dass der andere Ihnen keine Schuldgefühle machen kann: Wenn Sie sich schuldig fühlen, dann, weil Sie glauben, etwas falsch zu machen, und sich deshalb ablehnen.

Ist die Frage der Schuld in unserer Zeit eigentlich noch relevant?

Das Gewissen der Leute scheint sich verändert zu haben; immer wieder hören wir davon, dass Menschen ohne das geringste Schuldbewusstsein die verrücktesten Dinge tun. Anscheinend ist ihr »inneres Mahnwesen« durcheinander geraten. Lüge, Bereicherung auf Kosten anderer, Untreue – was davon wird in der Bevölkerung überhaupt noch als »Schuld« wahrgenommen? Trifft die Beschreibung aus den Psalmen über das Erlebnis von Schuld überhaupt noch zu?

Ja und nein, denke ich. Das Schuldbewusstsein der Menschen scheint sich wirklich verändert zu haben. Mancher scheint sehr klar zu wissen, was andere *ihm* schulden, und er besteht akribisch auf die Rückzahlung aller Schulden. Die eigene Verantwortung ist da manchmal schwerer ins Auge zu fassen.

In meiner Praxis treffe ich trotzdem jeden Tag Menschen, die sehr wohl wissen, dass sie schuldig geworden sind. Zwar wird häufig versucht, Schuld abzuschieben oder zu verharmlosen, aber damit wird man sie nicht los.

Andere versuchen bewusst oder unbewusst, ihre Schuld zu sühnen: Sie bestrafen sich selbst, klagen sich an. So, wie auch Geldschulden bei der Bank nicht dadurch verschwinden, dass wir uns einreden, der Betrag wäre gar nicht so hoch, oder jeden Tag zur Bank gehen und uns entschuldigen, verschwindet auch Schuld nicht einfach durch unser Bedauern oder Verdrängung.

In Beziehungen werden wir aneinander schuldig. Immer wieder müssen wir damit umgehen, dem anderen etwas »zu schulden« und es auch zu wissen.

»Dir, Gott, gefällt kein Unrecht, nichts Böses darf in deine Nähe kommen.«
Psalm 5,5

Wie gehe ich mit den Dingen um, in denen ich meinem Gegenüber wirklich etwas schulde?

1. Erkennen: Mut zum Hinschauen

Das deutsche Wort »erkennen« heißt ursprünglich »innewerden, geistig erfassen, sich erinnern«. Ich erkenne mich selbst, indem ich meiner selbst innewerde, indem ich sozusagen in mich hineingehe. Erkennen hat etwas damit zu tun, mit dem eigenen Inneren in Berührung zu kommen.

In unserem Fall könnten folgende Fragen helfen:

- Worin besteht meine Schuld konkret? Wer hat unter ihr gelitten?
- Was sagt mir diese Sache über mich, was über unsere Beziehung?
- Welche Mechanismen hatte ich bisher, mit ihr umzugehen?
- Wie sieht meine Verantwortung jetzt aus? Was will ich als Nächstes tun?

Oft erkenne ich schon in diesem Stadium, ob es sich um echte oder falsche Schuldgefühle handelt.

Der Ehemann einer Klientin erzählte mir Folgendes: »Ich betrüge meine Frau mit einer Kollegin. Ich habe darunter gelitten, aber ich hatte ja auch immer viele Entschuldigungen: dass sie mich so kontrolliert, ständig mit mir zankt, misstrauisch ist, jedes meiner Worte auf die Goldwaage legt. Das stimmt schon, oder ich erlebe es wenigstens so, und trotzdem war mein Lösungsweg falsch: Ich habe mich zurückgezogen und mir eine andere Frau gesucht. So bin ich meiner Freundin und meiner Frau gegenüber schuldig geworden und ich glaube, solange ich die Sache nicht in Ordnung bringen kann, gibt es keine Möglichkeit, eine gute Lösung für uns alle zu finden. Was soll ich tun? Egal wie ich handle, ich verletze entweder meine Frau oder meine Freundin.«

Die Situation nur zu erkennen, reicht oft nicht aus.

2. Betrachten und betrauern

Erst, wenn ich meine Schuld ausspreche, kann der mit ihr verbundene Schmerz sich offen zeigen. Erst wenn ich meine Schuld akzeptiere und bereue, kann ich aus der Schuldenfalle heraus.

Dasselbe gilt für die Fälle, in denen ich darunter leide, was ein anderer Mensch mir angetan hat, in denen »mein Gegenüber mir etwas schuldig ist«. Wenn ich das verdränge, nicht wahrhaben will oder rationalisiere, wird die Sache nicht geklärt werden können – werde ich nicht frei. Verletzungen und böse Erinnerungen sammeln sich in meinem Inneren, vereinen sich dort mit neuen negativen Erfahrungen und vergiften mich und unsere Beziehung immer mehr. Erst, wenn ich Schmerz zulasse, kann die Heilung vorbereitet werden.

»Mein Mann hat mich betrogen. Weil seine Geliebte weiter weg wohnte und er sie nicht oft sah, bin ich lange nicht dahinter gekommen, sie hatten schon 9 Monate etwas miteinander, bevor ich es merkte. Ich war zerschmettert, wie gelähmt: Ich hatte mich so auf ihn verlassen! Wir sprachen miteinander und er versprach, die Beziehung zu beenden. Ich glaube, das hat er auch getan. Aber ich kann ihm nicht mehr vertrauen und ich kann das auch nicht vergeben! Immer wenn ich ihn sehe, denke ich an die Zeit, in der er mich betrogen hat! Ich versuche immer wieder, ihn dazu zu bringen, mir von der Frau zu erzählen. Was war jetzt so toll? Wie sieht sie aus, ist sie hübscher? Er will mir den Namen nicht sagen, ich glaube, sonst würde ich mal hinfahren und sie mir ansehen. Ich komme nicht von der Sache los, ich schaffe es einfach nicht!«

»Eine Einsicht, die ich habe, nützt mir nichts. Erst, wenn sie über mich hereinbricht, kann sie mich heilen.« (Anselm Grün)

Wenn der verdrängte Schmerz bewusst wahrgenommen wird, kann der Mensch auf seine Ersatzschmerzen verzichten, die er sich zulegt, um sich vor dem eigentlichen Schmerz zu schützen.

Dies ist oft nicht das, was wir gewohnt sind. Wir verdrängen Schmerz, verstecken ihn, manchmal gebrauchen wir ihn vielleicht auch selbstmitleidig als Entschuldigung, in bestimmten Bereichen alles beim Alten zu lassen: »Ich kann nicht, weil damals …« Wir erlauben, dass er unser Handeln und Fühlen lenkt, wir verwandeln ihn in Aggression oder Depression oder wollen ihn nicht: Das Leben soll nicht schmerzvoll sein, weil wir glauben, ein Anrecht auf Glück zu haben.

Das alles zwingt uns in negative und meist schmerzhafte Beziehungsspiele:

- Was du schuldest, wirst du mir bezahlen. Ich werde dich so lange quälen, bis du es bereust.
- Weil du mir etwas schuldest, werde ich leiden. Wenn ich sehr leide, tut es dir vielleicht auch Leid.
- Weil du mir etwas schuldest, ist nichts, was du zu geben hast, gut und ich werde dir nichts Gutes geben.
- Weil du mir etwas schuldest, bist und bleibst du der Schuft und ich bin der Märtyrer/die Märtyrerin. Wer von uns ist jetzt der bessere Mensch?

Wenn wir eigene oder fremde Schuld verdrängen, weil nicht sein kann, was nicht sein darf, oder weil wir den damit verbundenen Schmerz nicht aushalten wollen, konservieren wir sie nur, nähren sie, nehmen ihr das Gesicht. So kann sie uns in vielen Verkleidungen wehtun – und wir können sie nicht besiegen.

- *Stellen wir sie ins Zentrum unseres Lebens*, reiben uns immer wieder neu daran auf, balsamieren sie ein und baren sie auf, so bewältigen wir sie doch niemals, weil sie eben irgendwann so sehr Teil unseres Lebens wurde, dass wir heimlich fürchten, ohne sie zusammenzubrechen.

- *Wollen wir uns rächen*, zerstören wir langsam, aber sicher unsere Beziehung und manchmal auch uns selbst.
- *Versuchen wir, ein schmerzfreies Leben zu führen,* und wüten gegen die Ungerechtigkeit, dass das Leben uns Wunden schlägt, kämpfen wir an der falschen Stelle: Das lässt sich nicht grundsätzlich verhindern, es entzieht sich manchmal unserem Einfluss. Nur, ob diese Wunden unser Leben zerstören – dabei haben wir ein Wörtchen mitzureden.

Egal, welchen dieser Wege ich wähle: Letztlich fixieren mich alle auf negative Erfahrungen und Erinnerungen.

Was immer geschehen, ist, ob ich schuldig geworden bin oder mein Partner sich mir gegenüber schuldig gemacht hat: Es lässt sich nicht mehr ändern. Es ist ein Teil meines Lebens. Erst wenn ich das akzeptiere, kann es weitergehen.

Für mich persönlich ist folgendes Wissen dabei sehr wichtig: *Ich trage die Situation nicht allein.* In dem Prozess, Leid und Schuld ernst zu nehmen und dennoch loszulassen, ist Gott bei mir: ein guter Vater, der mich lieb hat, ein »mütterlicher« Gott, der mich fördern und begleiten will, mein Bruder Jesus, der mich nie im Stich lassen wird und der mir meine Schuld ans Kreuz trägt, der Geist Gottes, der in mir ist, mich ermutigt und ermahnt: All das sind Seiten des einen Gottes, der sich selbst ganz am Anfang der Zeiten vorgestellt hat als der »ich bin da«.

Wenn Zweifel kommen und Selbstzweifel: *Wenn euer Herz euch anklagt, ist Gott größer als euer Herz und vergibt euch.*

3. Vergeben

Dieser Schlange verzeihen? Diesem gemeinen Kerl vergeben? Niemals! Vorsicht: Ihr Groll schadet Ihnen, nicht den

»Vergebung bedeutet: einen Gefangenen freilassen und entdecken, dass man selbst dieser Gefangene war.« (Sprichwort)

anderen. Solange Sie innerlich mit einem Menschen hadern, bleiben Sie an ihn gebunden. Wollen Sie mit leichterem seelischen Gepäck gehen, müssen Sie verzeihen. Damit kein Missverständnis aufkommt: Das heißt nicht, nachträglich damit einverstanden zu sein, dass man Sie schlecht behandelt hat. Es bedeutet, dass Sie sich mit Geduld und festem Entschluss von Ihren seelischen Altlasten befreien.

Wenn ich mit dem Gefühl lebe, mein Partner hat noch Schulden bei mir, bin ich mit ziemlicher Sicherheit auf dieses Problem fixiert. Ich bin darauf angewiesen, dass er seine Schuld anerkennt – erst dann kann ich weitermachen.

Wenn das aber nie geschieht? Dann wenden sich die meisten Menschen innerlich nicht wirklich von ihrem Gegenüber ab, sondern konservieren den Schmerz und den Verlust in ihrem Herzen.

Was bedeutet das? Vergebung bedeutet: loslassen.

Es gibt keine Heilung, keine Loslösung von meiner Schuld, keine Versöhnung mit meiner Lebensgeschichte ohne Vergebung.

Nur so kann ich die Vergangenheit loslassen, nur so kann ich mich aus dem ständig wiederkehrenden Kreis der Verwundungen befreien, selbst wieder frei werden oder mich vom zerstörerischen Einfluss derer, die mich gekränkt haben, lösen. Allerdings ist es oft nicht möglich, von meinem menschlichen Gegenüber Vergebung zu erlangen.

Wenden Sie sich an Gott, lernen Sie von den Psalmisten. Sprechen Sie aus, was Sie fühlen.

Vergebung ist eine wunderbare, heilsame Erfahrung.

Gott will uns Vergebung beibringen. Er macht uns ohne Gegenleistung schön in seinen Augen, nimmt uns an, will die Schuld, die sich in unserem Leben und in unserer Seele angesammelt hat, wegwaschen, will uns reinigen.

Egal, ob es sich um »reale« Schuld oder falsche Schuldgefühle handelt: Die Befreiung kommt von Gott. Dazu braucht er unsere Zustimmung, unser Ja.

Verzeihen, nicht nachtragen: Gedankenanstöße zum Schluss:

Nutzen Sie den leeren Stuhl.
Setzen Sie sich vor einen leeren Stuhl. Platzieren Sie in Ihrer Fantasie die Person darauf, mit der Sie noch etwas zu klären haben. Sagen Sie ihr unverblümt alles, was Ihnen noch auf der Seele liegt, schimpfen und toben Sie. Und dann: verzeihen Sie.

»Segnet, die euch fluchen.«
Unser Groll gegen andere hält uns bei ihnen fest. Stellen Sie ein Foto des Menschen auf, mit dem Sie innerlich im Streit liegen. Schauen Sie es sich regelmäßig an und beten Sie, indem Sie Gott sagen, was Sie in diesem Moment fühlen. Beenden Sie das Gebet mit den Worten: »Ich verzeihe dir und wünsche dir alles Gute für die Zukunft.« Zunächst ist das garantiert nur ein Lippenbekenntnis. Machen Sie trotzdem weiter, bis Sie Ihr Ziel erreicht haben und ohne Groll auf dieses Bild sehen können. Es geht schließlich um Ihr Wohlbefinden. Aber wenn ich unter den Auswirkungen der Situation noch leide? Dann kann der Mensch, der mich verletzt hat, mich nicht heilen. Ich kann meine Heilung nicht davon abhängig machen, ob er seine Verantwortung übernimmt. Und zur Heilung gehört die Vergebung als ein Schritt dazu.

Sie dürfen sich finden lassen!
Wenn Sie es Gott erlauben, kann etwas Faszinierendes geschehen: Er fängt an, Ihre Wunden zu heilen. Er tröstet uns, hält uns, schenkt uns Worte der Liebe und der Annahme. Dieser Prozess braucht allerdings oft lange. Er ist nicht ein-

fach ein Willensakt, ich muss noch mal zurück in den Schmerz, das »Tal der Todesschatten« noch einmal durchschreiten, um dorthin zu gelangen. Solange es schmerzt, dürfen wir zu diesem Vater gehen. Wir werden ihm nie lästig, nicht zu viel.

Und wenn Sie bisher keine Gottesbeziehung hatten? Kein Problem, Gott hatte immer eine Beziehung zu Ihnen, Sie müssen also nur damit beginnen, ihm zu antworten.

Erkennen Sie die Chance, frei zu werden
»Als ich meine Schuld verschweigen wollte, erdrückte sie mich fast«, klagt der Schreiber eines Psalms. In Konfliktbeziehungen werden oft nicht nur die anderen schuldig, sondern auch wir. Das zu verdrängen und den Partner zum alleinigen Täter zu machen, bringt nicht weiter. Schuldgefühle sind aber oft auch nicht unsere besten Ratgeber. Sie halten uns in schlechten Gefühlen fest, oft ohne zu einem sinnvollen Handeln zu führen. Im christlichen Glauben gibt es den Begriff der »Buße«: Er bedeutet nicht »sich lange mies zu fühlen«, sondern »Umkehr«. Ich erkenne, wo ich schuldig wurde, ich übernehme die Verantwortung, ich bitte Gott, mir meine Schuld zu tragen, und ich entscheide aus der nun entstandenen Befreiung, wie ich angemessen handeln kann: Bitte ich auch mein Gegenüber, mir zu verzeihen? Wie werde ich in der nächsten Situation handeln?

Überlegen Sie, was Sie aus der Geschichte gelernt haben.
»Dein Feind ist dein bester Lehrer«, sagt ein Sprichwort. Was bedeutet das für Sie? Welche Erfahrung ziehen Sie aus dieser für Sie schweren Erfahrung? Etwa, dass Sie jetzt eindeutiger sind, stärker Ihre Grenzen wahrnehmen und sie deutlicher setzen, liebevoller mit sich umgehen, sich Ihre Freunde besser aussuchen. So verrückt das für Sie klingen mag: Bedanken Sie sich innerlich für diese Lektion, die Sie als Persönlichkeit weitergebracht hat.

4. Beginnen

Ich hatte im letzten Jahr drei Bandscheibenvorfälle.

Diese sind operiert und ich habe keine Schmerzen mehr, aber ich bin durch die lange Zeit, in der ich mich in einer Schonhaltung bewegt habe, krumm und schief geworden und mache jetzt noch krankengymnastische Übungen, um dem entgegenzuwirken.

Wenn ein Mensch innere Wunden hat, lebt er meist auch in »Schonhaltung«, einem *Teufelskreis der Vermeidung*: Vermeidung schmerzhafter Situationen. Ein Mensch, der schuldig geworden ist oder unter falschen Schuldgefühlen litt, lebt oft ähnlich.

Das Wort *beginnen* bedeutet ursprünglich *urbar machen.*

Beginnen in diesem Sinne ist mühsam. Da erscheint dein Leben wie ein Land voller Disteln und Dornen. Wenn ich es urbar machen will, muss ich erst einmal das Feld abstecken.

Ich kann nicht das ganze Land meines Lebens auf einmal urbar machen: Der Weg der Heilung muss Auswirkungen in meinem Handeln haben – sonst falle ich wieder in den alten Schmerz und die alte Schuld zurück.

Ich muss beginnen, mich anders zu verhalten als bisher – trotz der Angst, trotz der Unsicherheit, trotz der fehlenden Übung. Denn das Alte wird sich nicht einfach in Luft auflösen – es muss durch neue Erfahrungen aufgelöst werden.

Gott ist mit mir unterwegs, er ist Trainer, Krankengymnast und Freund, bei dem ich mich ausheulen kann. Vor allem ist er der, der die Verantwortung für meine Schuld übernimmt, wenn ich sie ihm überlasse: Dafür ist er ans Kreuz gegangen.

Gott sagt dir seine Wahrheit über dich:

Du bist wertvoll,
liebenswert,
du bist einmalig und doch ein Mensch wie alle,
unterscheidest dich von jedem anderen Menschen,

bist von ihm geschaffen und geliebt.
Du hast dich nicht selbst erschaffen –
du bist nur Mit-Schaffender.

Du bist mit Mitgefühl und Liebe ausgestattet,
weil Gott dich liebt.
Das gibt dir Wert. Das kann dir niemand wegnehmen.

Du bist geprägt durch dein Leben,
du kannst daraus lernen,
kannst dich verwandeln, dich entwickeln.
Du kannst benutzen, was du gelernt hast,
kannst hinzufügen, was fehlt.
Bis an das Ende deines Lebens wird das so weitergehen!

Sieh dir an, wo du jetzt bist
und schau mit der Gewissheit nach vorn,
dass du der Zukunft nicht allein begegnen wirst.
Gott ist da!
Denk daran, dass du dich überall und jederzeit
an ihn wenden kannst.
Du brauchst dich nur an ihn zu erinnern.
Er vergisst dich nie, keinen Augenblick.

3. StOP-Methode: Prüfen

Gut, Sie sind sich über Ihre eigenen Strategien klar geworden, haben erkannt, wie Ihre Rolle in Ihrem gemeinsamen Beziehungstanz aussieht. Sie haben darüber nachgedacht, wie Sie in Zukunft operieren wollen, und Sie haben Ihre neue »Taktik« ausprobiert.

Jetzt kommt es darauf an, das Erprobte zu beurteilen – und nicht einfach aufzugeben, weil es nicht sofort klappt oder weil Ihre Strategie so nicht funktioniert.

»Prüft alles und das Beste behaltet«, hat Paulus klug formuliert. Prüfen Sie Ihre Veränderungsideen auf Ihre Wirkung und entscheiden Sie:

Was wollen Sie verstärken, verändern, lassen, noch (.....) Tage bzw. Wochen weiter versuchen (es ist gut, eine konkrete Anzahl einzusetzen und später zu überprüfen)?

Es ist wichtig, dass Sie sich immer wieder klar machen: Es geht nicht darum, die Machtverhältnisse umzukehren, sondern darum, wieder die Verantwortung für das eigene Leben zu übernehmen.

Noch ein guter Rat: In Veränderungsphasen konzentriert man sich oft nur darauf, »Widerstand« zu leisten, zu kämpfen. Das ist aber nur die »halbe Miete«. Es geht nicht darum, Ihren Partner »niederzuringen«, sondern wieder »zu sich« zu finden. In dieser Phase werden Sie sich manchmal selbst fremd fühlen. Aber das ist ganz normal.

niemand kennt sich
und niemand ist sich wirklich fremd
du bist viele
und so sind die anderen
viele Stimmen
viele Seelen
ach
in deiner Brust
viele Wünsche
viele Ängste auch
und Sehnsucht
und Mutters Stimme

Kämpf nicht mehr gegen –
kämpfe für
lieb was ist
in dir
in mir

hör die Stimmen deiner Seele an
du weißt was du willst

erlaube Gott
zu dir zu sprechen
lerne von ihm
überlass dich selbst Gott
und geh mutig
einen Schritt nach dem anderen
sprich
das wünsch ich dir
freundlich zu dir
und achtungsvoll

Also, prüfen Sie, wie Ihre Veränderungsideen sich auswirken. Wenn es nicht klappt, ist das kein Grund aufzugeben: Dann müssen Sie an den Anfang zurück.

Noch etwas: Holen Sie sich Hilfe. Versuchen Sie nicht mehr allein, mit allem fertig zu werden. Es gibt neben guten und ehrlichen Freunden auch Seelsorger, Beratungsstellen oder Therapeuten, die Ihnen helfen können.

Sie haben eine neue Strategie entwickelt und möchten jetzt in die »Praxisphase« gehen, sie also ausprobieren.

• Folgende Fragen können helfen, nicht zu schnell aufzugeben:

Welche meiner »inneren Fallen« werden zuschnappen, sobald ich beginne, mich von alten Strategien zu lösen?

Typische Gedanken?

Typische Gefühle?

Typische Verhaltensmuster?

Wie wird vermutlich die Reaktion meines »Tanzpartners« aussehen und was wäre meine gewohnte Reaktion darauf?

In meinen Gedanken?

In meinen Gefühlen?

In meinem Verhalten?

Was will ich dagegensetzen?

An neuen Gedanken?

In der Auseinandersetzung mit meinen Gefühlen?

An neuen Verhaltensweisen?

Habe ich eine/-n Gesprächspartner/-in, mit der ich mein Erleben reflektieren kann?

Kann ich mir bildlich vorstellen, wie ich das Geplante umsetze? (Wenn nicht: zurück »ans Zeichenbrett«: Der Schritt ist dann wahrscheinlich zu groß.)

Habe ich eine Vorstellung davon, was Gott zu meinen Ideen sagt? Wenn ja: Wie sehen diese Vorstellungen aus?

Was müsste ich tun oder unterlassen, um selbst dafür zu sorgen, dass sich die alten Situationen nicht immer wieder wiederholen?

»Es gibt nichts Gutes, außer man tut es« stand in meiner alten Schule an der Wand. Ergänzend könnte man sagen: »Es gibt keine Veränderung, außer man verändert selbst etwas«.

Gewalt in Beziehungen

Ein Erfahrungsbericht

Ich war gerade mal ein Jahr verheiratet, als er das erste Mal zuschlug. Er kam angetrunken von der Arbeit nach Hause, der Tisch war noch nicht gedeckt, da schlug er zu. Am nächsten Morgen entschuldigte er sich bei mir: »Es wird nicht wieder vorkommen, aber ich hatte gestern Ärger im Büro.« Ich glaubte und verzieh ihm!

Langsam begann die Quälerei, die fast 8 Jahre dauern sollte.

Ein paar Monate später der nächste Vorfall. Wir waren bei Freunden eingeladen. Ein netter Abend. Zu Hause angekommen beschimpfte er mich als billige Schlampe und Hure, die jeden Mann anmachen würde. Er schlug wieder zu – drei, vier Mal. Ich flüchtete zu meiner Mutter. Ich benutzte eine Ausrede, weil es mir peinlich war zuzugeben, dass mein Mann ein Schläger war. Am nächsten Tag stand er mit Rosen vor der Tür und entschuldigte sich. »Es tut mir alles so Leid. Komm wieder nach Hause.« Ich ging wieder mit und versuchte meine leise Angst tief im Innern zu verdrängen.

In unser Leben kehrte Ruhe ein und ein knappes Jahr später kam unsere Tochter zur Welt. Ich fühlte mich jetzt so richtig glücklich. Die schlimmen Geschehnisse hatte ich verdrängt.

Unsere Tochter war ca. 6 Monate alt, als der richtige Albtraum erst begann.

Wir kamen aus dem Park zurück, mein Mann war schon zu Hause. Kaum hatte ich die Tür aufgeschlossen und war in der Wohnung, zerrte er mich an den Haaren und schrie mich an: »Wo hast du dich wieder rumgetrieben?« Der Kinderwagen kippte um, die Kleine schrie und ich kniete völlig überrumpelt und auch wütend im Flur. »Warum schlägst du mich, ich habe doch nichts getan.« Ich wollte aufstehen und zu meinem Kind, als er ausholte und mir ins Gesicht schlug. Wieder und wieder. Dann schrie er mich an: »Bring das Balg zur Ruhe«, und ging. Ich holte mein Kind, legte mich aufs Bett und weinte, weinte, weinte. Ich wusste nicht, was ich tun sollte, und rief eine Freundin an. Die kam sofort, packte für mich und das Kind das Nötigste ein und wir fuhren zu ihr. Ich war immer noch wie versteinert und total verstört. Meine Freundin riet mir, sofort eine Anzeige bei der Polizei zu erstatten und auch zur Scheidung. Aber ich hatte Angst!!! Wovon sollten wir leben, wo sollten wir wohnen, außerdem war er doch der Vater meiner Tochter. Am nächsten Tag ging ich wieder zurück. Es herrschte wieder mal ein paar Monate Eintracht. Die Abstände zwischen den einzelnen Attacken wurden jedoch immer kürzer.

Ich wurde gedemütigt, geschlagen, getreten und verhöhnt. Ich verlor meine Selbstachtung, kam mir schlecht und wertlos vor. Meine blauen Flecken und Prellungen versteckte ich, so gut ich konnte. Ich ließ alles über mich ergehen und versuchte immer, meine Tochter vor ihm zu schützen. Ich schrie nicht mehr, damit sie nichts hörte, und erfand Lügengeschichten, um meine blauen Flecken zu erklären. Ich stumpfte innerlich völlig ab und hatte ständig Angst, dass er wieder ausrastet. Als ich wieder einmal zusammengeschlagen wurde und an einer Kopfwunde stark blutete, rief ich meine Freundin an. Ich hatte sie (aus Scham) schon lange nicht mehr gesehen und nur sehr selten mit ihr telefoniert. Sie hatte zwischenzeitlich geheiratet, und ihren Mann kannte ich nicht, da ich, außer zum Einkaufen, das Haus selten verließ. Meine Tochter war glücklicherweise bei einer Freundin eingeladen.

Sie fuhren mich gleich ins Krankenhaus, die Wunde wurde genäht und ich musste vier Tage dort bleiben. Meine Freundin kümmerte sich um meine Tochter. Meinen Mann sah ich nicht. Als ich entlassen wurde, teilte sie mir mit, dass sie einen Teil meiner Sachen aus der Wohnung geholt hätten und ich jetzt eine kleine Zwei-Zimmer-Dach-Wohnung in ihrem Haus bewohnen würde. Ich freute mich, hatte aber auch Angst vor der Zukunft. Meine Tochter fühlte sich dort schon wie zu Hause und ich spürte erstmals, wie unglücklich auch sie gewesen war und dass alle Heimlichkeiten nichts gebracht hatten.

Nach zwei Wochen stand dann mein Mann vor der Tür und wollte uns wieder nach Hause holen. Aber für mich war klar: Das ist meine letzte Chance für ein normales Leben, auch für meine Tochter. Ich stellte ihn vor die vollendete Tatsache, dass ich die Scheidung will. Erst bettelte er, weinte, ich solle doch zurückkommen, aber als er merkte, dass alles nicht half, schlug er zu.

Das ist jetzt 15 Monate her. Heute habe ich eine Halbtagsstelle, wohne immer noch in der kleinen Wohnung bei meinen Freunden, bin seit 7 Monaten geschieden (Härtefall) und endlich mit meiner Tochter richtig glücklich. Auch sie ist sichtlich ruhiger, ausgeglichener und glücklicher. Ich bereue nur, dass ich diesen Schritt nicht schon viel früher getan habe. Heute finde ich mein Leben wieder richtig schön.

Ich danke ganz besonders meinen Freunden für die sehr tatkräftige Unterstützung.

Allen Frauen in ähnlichen Situationen kann ich nur raten, sich gleich von einem Schläger zu trennen. Er wird es immer und immer wieder tun. Suchen Sie Hilfe bei Freunden und Verwandten und schämen Sie sich nicht!!! Er ist der Böse und nicht Sie.
Ute
(Mit freundlicher Genehmigung:
http://www.ladynetweb.de/)

In Gewaltbeziehungen geht es um die »Alleinherrschaft« mit allen Mitteln.

Gewalt ist alles, was ich als Gewalt empfinde: was mich verletzt, demütigt und erniedrigt. Im Gegensatz zu Streit, Konflikt oder Auseinandersetzung treffen bei Gewalt *zwei ungleiche Machtpositionen* aufeinander, *bei denen sich die eine immer durchsetzt.* Dem Gewalttäter geht es um die Alleinherrschaft in der Beziehung. Gewalt in Familien ist deshalb der brutalste Ausdruck eines Beziehungskonfliktes.

Einer anderen These entsprechend geht es bei Beziehungsgewalt nicht immer um die Ausübung von Macht, sondern auch um »die Vermeidung von Ohnmacht«. Das Aushaltenmüssen von nicht lösbar scheinenden Spannungen/Interessenkonflikten erzeugt Ohnmachtsgefühle. Durch den Einsatz von Gewalt können solche Gefühle abgewehrt werden. Die eigene Handlungsfähigkeit kann dagegen demonstriert werden.

Der Einsatz von Gewalt verhilft im familiären Bereich zur Rückgewinnung des Bildes vom »Herrn im Haus«.

Das Gleichgewicht in einer Beziehung muss immer neu gefunden werden. Ein Konflikt entsteht, wenn die Interessenrichtungen zweier Partner in einer Beziehung sich gegenseitig ausschließen: Was wir wollen, passt nicht zueinander. Wie bei einer Waage geht es darum, immer wieder für ein Gleichgewicht der Kräfte zwischen den Partnern zu sorgen: Was will ich, was willst du – wie können wir uns so einigen, dass keiner frustriert zurückbleibt?

Gelingt das nicht, kommt es zum Beziehungskampf. Und das ultimative Mittel, seine Interessen durchzusetzen, ist der Einsatz von körperlicher Gewalt.

Meist geht dem körperlichen Angriff verbale Gewalt voraus (dies wurde im 1. Teil des Buches ausgiebig beschrieben). In diesem »Spiel« gewinnt der Erpresser immer mehr Macht und das Opfer lernt, sich zu fügen. Ein so eingeschüchterter und einsamer Mensch kann sich dann auch nicht mehr zur Wehr setzen, wenn er oder sie zum ersten Mal geohrfeigt, geschlagen, gewürgt oder vergewaltigt wird.

Danach gibt es meist Erklärungen: Eifersucht, Alkohol, schlechter Tag, Ärger mit Gott-weiß-wem, schwere Vergangenheit, Überforderung, oder Vorwürfe »Du hast mich provoziert«, »Die Kinder waren zu laut«, vielleicht sogar Versprechen: »Das kommt nie wieder vor!« Viele Gewaltopfer fangen irgendwann an, selber das Verhalten des Täters zu entschuldigen. Immer wieder bauen sie die Hoffnung auf, dass es diesmal das letzte Mal war, dass von jetzt an alles anders wird. Es bleibt aber gleichzeitig die Angst, dass *es* wieder passiert.

Und fast durchweg wird der Täter erneut gewalttätig. *Denn: Ob er schlägt oder nicht, hängt nicht vom Verhalten der Frauen oder Kinder ab, sondern von seiner Entscheidung dazu.* Wenn er sich ändern soll, muss er sich dazu entscheiden und die notwendige Hilfe holen. Wenn er dies nicht tut, bleibt den Betroffenen nur, sich (und die Kinder) vor weiteren Übergriffen zu schützen.

Viele Gewaltopfer halten sogar über Jahre hinweg massive Gewalt aus. Sie hoffen immer noch, dass der Täter irgendwann *damit* aufhört und nur noch seine »guten Seiten« zeigt. Sie fühlen sich für alles verantwortlich und schämen sich persönlich, versagt zu haben. Vielleicht ist die Gewalt schon alltäglich geworden, und sie können nur darauf achten, dass sie überleben. Oft droht der Täter auch damit, dass er seinem Opfer das Geld, die Kinder oder das

Leben nimmt. Und wer jahrelang hört: »Du regst mich so auf, deshalb passiert das!« oder »Du kannst ohne mich gar nicht klarkommen!«, der glaubt diesen Unsinn irgendwann.

Die Opfer

Gewalt in Beziehungen ereignet sich wahrscheinlich viel häufiger, als wir es uns vorstellen: Zu jeder Zeit und in jeder Form gab und gibt es sie.

> Gewalt hängt von der Entscheidung des Täters ab: Er oder sie schlägt zu. Ausreden wie »Du hast mich provoziert« sind unsinnig.

Frauen als Opfer

Geschlagene Frauen akzeptieren in der Regel ihre Männer als Familienoberhäupter, ordnen sich ihnen unter, sind unterwürfig und versuchen zumeist, deren Wünsche zu erfüllen.

- Oft fühlen sie sich selbst unfähig, wertlos oder nicht liebenswert und leiden unter einer negativen Selbsteinschätzung.
- Viele halten sich für schuldig, wenn sie von ihren Partnern geschlagen werden.
- Viele wurden schon als Kind misshandelt oder gedemütigt.
- Sie brechen nicht aus der Ehe aus, da sie von ihren Partnern abhängig sind und sich selbst als unselbstständig und unfähig erleben.
- Viele reagieren psychosomatisch: Sie haben oft Albträume, schlafen schlecht, leiden unter psychosomatischen Beschwerden, sind energielos und verzweifelt.
- Vereinzelt besteht Selbstmord- oder Mordgefahr.
- Viele Frauen, deren Männer gewalttätig sind, finden in ihrer Umwelt und Familie wenig Unterstützung, man unterstellt falsches Verhalten gegenüber ihren Partnern.

– Auch für Kinder hat es unerwünschte Folgen, wenn sie miterleben, wie ihre Mütter geschlagen werden. So ist beispielsweise mit negativen Auswirkungen auf ihre Geschlechtsrollenidentität und ihr Selbstbild zu rechnen.

Ein kleiner Ausflug in die weibliche Geschichte

Im 10. Gebot lesen wir: *»Du sollst nicht begehren nach dem Haus deines Nächsten, nach dem Weib deines Nächsten, nach seinem Sklaven oder seiner Sklavin, nach seinem Rind oder seinem Esel, noch nach irgendetwas, was sein ist«* (ca 7. Jahrhundert vor Christus, Übersetzung nach Luther).

Um 1600, also 2300 Jahre später interpretiert M. Luther in seinem Katechismus auf dieser Grundlage:

»Ich glaube, dass Gott mir (dem Mann) gegeben hat Vernunft und alle Sinne (…), dazu Kleid und Schuh, Essen und Trinken, Haus und Hof, Weib und Kind, Acker, Vieh und alle Güter.« Das heißt: In diesem Zusammenhang kommt die Frau als Sache vor, die dem Mann als Besitz gehört. Die rechtlichen und gesellschaftlichen Verhältnisse entsprachen in vielem diesem Bild, und das veränderte sich nur langsam.

Erst seit 1918/19 besteht in Deutschland formal eine politische Gleichstellung der Frau, sie darf wählen, sie hat Zugang zur Universität. Aber erst 1926 wurde das »Züchtigungsrecht« des Mannes über seine Frau aufgehoben.

Und erst seit dem 1.7.1958 ist eine Frau voll geschäftsfähig, bis dahin besaß sie keine »Schlüsselgewalt«, ihre geschäftliche Unterschrift war vertraglich nicht bindend, bei einer Scheidung fiel das Vermögen dem Mann zu.

Ob verheiratet oder nicht, demütigen, schlagen, treten, beleidigen, vergewaltigen Männer die Frau, die sie angeblich lieben. In der Bundesrepublik soll, je nach Untersuchung, jede sechste in Beziehung lebende Frau von Gewalt betroffen sein. Kaum ein Prozent dieser Gewalttaten kommt an die Öffentlichkeit. Einer Studie der *Europäischen Kommission zu häuslicher Gewalt* zufolge handelt es sich bei 98 % der Opfer häuslicher Gewalt um Frauen. Die betroffenen Frauen sind ganz normale Frauen jedes Alters, jedes Bildungsstands, jedes Aussehens. Die Täter können auch z. B. der charmante Nachbar, der nette Kollege, der Gemeindeälteste oder der sozial engagierte Bekannte sein.

Männer als Opfer

Eine schon einige Jahre zurückliegende Befragung aus den USA *(Journal of Consulting and Clinical Psychology 1989, Vol. 57, No. 2, 263-268: American Psychological Association)* lässt vermuten, dass sich nicht nur Männer als Gewalttäter entpuppen: Danach gibt es eine nicht zu vernachlässigende Dunkelziffer von Männern, die Gewalt durch Frauen erleben. Diese Sicht stützt eine neue Befragung in Deutschland: Gerhard Amendt, Soziologe aus Bremen, beleuchtet das Phänomen in einer umfangreichen Studie über zerbrechende Ehen. In einem Drittel der Fälle spielen danach Gewalttätigkeiten eine Rolle. Entgegen gängiger Klischees gingen diese zu knapp zwei Dritteln von den Frauen aus, zu 20 Prozent von beiden und nur zu 14 Prozent vom Mann. In einem Interview der Juliausgabe 2003 der Zeitschrift »Psychologie Heute« sagt Amendt, dass Männer darüber »nur unter bestimmten Bedingungen sprechen wollen«, oberflächliche Befragungen brächten keine Hinweise.

»Ich hatte die Intelligenz, nur Männer zu ohrfeigen, die so gut erzogen und sanft waren, dass sie nie zurück geohrfeigt haben.«
Alice Schwarzer

Gewalt in der Ehe zieht sich quer durch die Gesellschaftsschichten. Nach Amendt schlägt bei höherem Bildungsstand eher die Frau zu, bei niedrigerem der Mann. In Fällen, in denen Männer die Opfer sind, ist die Scham meist besonders groß (»Was, der Waschlappen lässt sich durch seine Frau verhauen?«) und der Weg in die Öffentlichkeit fast unmöglich.

Egal, welchen Bildungsstand, welches Geschlecht oder welches Alter ein Gewaltopfer hat – aus einem Geflecht von Ängsten und Abhängigkeiten einen Weg zu finden, ist für jeden Menschen schwer und nachweislich gefährlich. Aber es ist nicht unmöglich.

Sexuelle Gewalt

Sexuelle Gewalt beginnt nicht erst bei Vergewaltigung. Jede aufgezwungene sexuelle Handlung, in die ein Mensch nicht frei einwilligt, verletzt die Persönlichkeit und das Recht auf sexuelle Selbstbestimmung.

Für Menschen, die von ihren Partnern (sexuelle) Gewalt erfahren, ist es schwer, sich dagegen zur Wehr zu setzen. Häufig fühlen sie sich selbst schuldig, z. B. weil sie meinen, den Anforderungen einer Partnerschaft nicht zu genügen oder ihre »ehelichen Pflichten« erfüllen zu müssen. Sie haben Angst, den Partner zu verlieren. Frauen sind zudem oftmals finanziell abhängig und haben die Alleinzuständigkeit für die Kinder. Als heilige »Privatsphäre«, in die andere sich nicht einzumischen haben und in der es kaum Zeugen/-innen für Gewalttätigkeiten gibt, wird der »Schutzraum Familie/Beziehung« zur Falle.

Eine Strafverfolgung der Täter ist eher die Ausnahme als die Regel. Im Schnitt wird angeblich nur einer von 20 gewalttätigen Zwischenfällen in der Familie der Polizei gemeldet, auch wenn diese Form der Gewalt als Verbrechen betrachtet wird, das von Rechts wegen geahndet werden kann. (Quelle: Studie der Europäischen Kommission zu häuslicher Gewalt)

Bis zum 15. Mai 1997 war Deutschland eines der wenigen europäischen Länder, in denen Vergewaltigung außerhalb und innerhalb der Ehe strafrechtlich unterschiedlich behandelt wurde. Bisher fiel Vergewaltigung in der Ehe unter den Straftatbestand der Nötigung und konnte allenfalls noch als »Körperverletzung« bestraft werden. Jetzt gilt sie als Verbrechen, mit mindestens zwei Jahren bestraft wird.

Mit dem verabschiedeten Gesetz ist klargestellt, dass das Recht eines Menschen auf sexuelle Selbstbestimmung durch Heirat nicht eingeschränkt wird. Damit sind Vergewaltigung in der Ehe und außerhalb der Ehe strafrechtlich gleichstellt. Ehepartner erhalten denselben Schutz wie unverheiratete Menschen. Auch die unterschiedlichen Formen der sexuellen Nötigung werden nunmehr mit der Vergewaltigung gleichgesetzt.

Klischees und Vorurteile

Es ist schwer, offen dazu zu stehen, in der Beziehung Gewalt zu erfahren. Dazu führt nicht nur die Angst, unter der die Opfer meist leben. Dazu kommt die Scham darüber, was in der eigenen Familie geschieht. Klischees und Vorurteile verschärfen die Problemlage zusätzlich:

- »Ist schlimm, wenn einer die Nerven verliert, aber wegen einer Ohrfeige läuft man doch nicht gleich weg!«
- »Das kommt doch nur bei ›Asozialen‹ vor.«
- »In jeder Ehe gibt es mal Krach.«
- »Pack schlägt sich, Pack verträgt sich!«
- »Das ist doch eigentlich so ein netter Mensch.«
- »Kein Wunder, die hat es doch verdient.«
- »Das ist eine Privatangelegenheit.«

Auch die Täter haben ihre Klischees:
- »Mir ist eben mal die Hand ausgerutscht.«
- »Ich kann nichts dafür.«
- »Als Mann kann man sich doch nicht alles gefallen lassen!«
- »Ich klink aus, wenn sie nicht pariert.«
- »Du hast es nicht anders gewollt!«
- »Er bringt mich eben zur Weißglut!«
- »Schlage deine Frau täglich. Wenn du nicht weißt, warum, sie weiß es!«

Männer, Frauen, Freundinnen, Bekannte, Familienangehörige, sie alle kennen und nutzen diese oder ähnliche Sprüche.

Gewalt wird damit verharmlost oder sogar gerechtfertigt. Dadurch entsteht eine Atmosphäre, die die Gewalttäter schützt, und so wird verhindert, dass die Gewaltopfer Hilfe in Anspruch nehmen. Betroffene Menschen werden nicht als Opfer, sondern mindestens als Mittäter/-innen gesehen. Die notwendige Unterstützung bleibt so häufig aus.

Rad der Gewalt

Das Rad der Gewalt zeigt die vielen verschiedenen Formen von Gewalt in Beziehungen. Die unterschiedlichen Formen sind wie Speichen eines Rades: Sie stützen sich gegenseitig

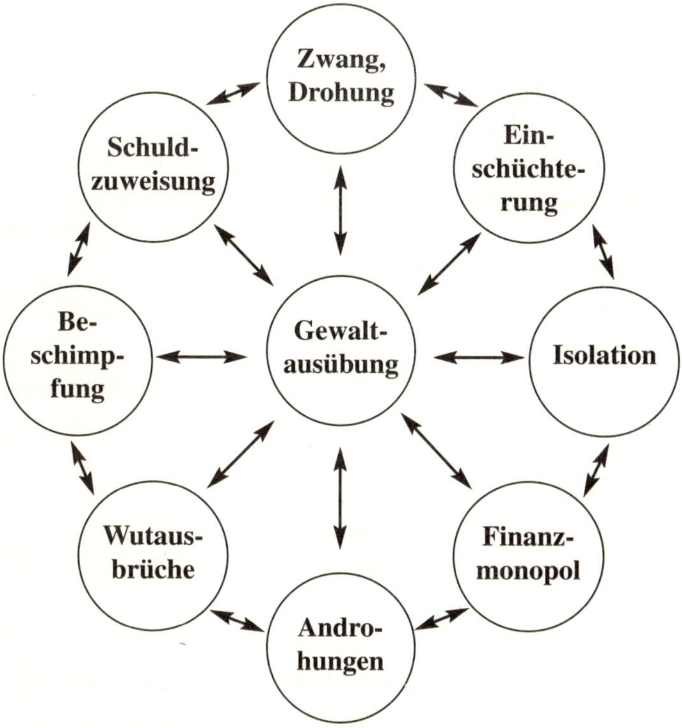

und sorgen dafür, dass »alles weiterlaufen kann«. Macht und Kontrolle stehen im Mittelpunkt der Gewalt. Um Macht und Kontrolle aufrechtzuerhalten und zu festigen, werden viele Formen von Unterdrückung benutzt, die letztlich zu körperlicher Gewalt führen.

Wenn es um Gewalt geht, ist der Schutz für die betroffenen Opfer das Wichtigste. Alles, was gemacht wird, muss sich an den Schutznotwendigkeiten orientieren. Der Betroffene ist dabei Experte in Sachen des eigenen Schutzes, denn nur er kennt die Situation ganz genau.

Wenn Sie von Gewalt betroffen sind, tun Sie alles, was Ihr persönliches Sicherheitsgefühl erhöht. Wenn Sie Angst haben, nehmen Sie sie ernst. Sie ist ein Zeichen dafür, dass Sie bedroht sind.

Kinder und Gewalt in der Familie

Gewalt in der Familie ist schrecklich. Noch schrecklicher ist, dass Kinder davon mit betroffen sind. Egal, was wir uns einreden: Kinder nehmen in Gewaltbeziehungen Schaden.

»Den Kindern hat er nie etwas getan.«
Pro familia zitiert zu diesem Thema eine Untersuchung aus den vereinigten Staaten: Wenn ein Partner den anderen misshandelte, wurden in 50 % der Fälle auch die Kinder geschlagen. 25 % der Misshandelten wurden ihren Kindern gegenüber selbst gewalttätig (Straus, 1983).

»Kinder merken so was gar nicht!«
Es ist ein Irrglaube anzunehmen, dass Kinder, die nicht direkt Augenzeugen von Gewalt werden oder angeblich noch zu klein sind, um das, was vorgeht, zu verstehen, nicht unter der Situation leiden. Kinder sind immer die Leidtragenden. Kinder spüren das gespannte Verhältnis zwischen ihren Eltern

sehr deutlich; sie fragen insgeheim nach dem Grund, suchen eventuell sogar die Schuld bei sich.

Kinder werden sogar als Figuren im häuslichen Gewaltspiel missbraucht. Aussprüche wie »Tust du nicht das, was ich will, nehme ich dir die Kinder weg oder ich lasse sie es spüren«, sind häufig anzutreffen. Überdies wird diese Schutzbehauptung durch eine kanadische Studie widerlegt: 80 % aller Kinder erleben Streitigkeiten und Gewaltanwendung im Elternhaus mit (Sinclair, 1985).

»Kinder sind zäh und verkraften auch Schweres!«
Zum Glück können die meisten Kinder, die in einer gewalttätigen Umgebung aufgewachsen sind, als Erwachsene wirklich ein problemfreies Leben führen. Das birgt aber bestimmte Voraussetzungen: Einerseits muss ein Kind über wichtige *soziale Fähigkeiten* verfügen, mit denen es sich selbst schützen kann. Ein Kind mit gutem Ausdrucksvermögen z. B. kann lernen, über seine Erfahrungen mit anderen zu reden und so Hilfe und Verständnis erhalten.

Ein weiterer wichtiger Faktor besteht in Menschen, zu denen es ein *Vertrauensverhältnis* aufbauen kann und die ihm das Gefühl von einer gefestigten Beziehung vermitteln können. Ein solcher Erwachsener kann ein Großelternteil, ein Pate, ein Nachbar, ein Gemeindemitarbeiter oder auch der Trainer des Sportvereins sein.

Kinder, die nur sehr wenige dieser schützenden Faktoren vorfinden, haben Schwierigkeiten in der Entwicklung, da ihnen nur sehr geringe Kraftreserven zur Verfügung stehen. In Problemfamilien ist oft im gesamten sozialen Netz keine Person zu finden, die dem Kind helfen kann. Gerade diese Kinder brauchen am meisten Hilfe, wenn sie zu Augenzeugen von Gewaltanwendung werden (Haggerty et al., 1996).

»Kleine Kinder verstehen gar nicht, was vorgeht.«
Kinder verstehen nicht immer, worum es in den Streitigkei-

ten der Eltern geht. Gefühlsmäßig reagieren aber bereits Säuglinge auf bedrohliche oder angstbesetzte Situationen (Zeanah, 1993). Kinder begreifen sehr wohl, dass ihre Eltern leiden, dass etwas Schlimmes passiert (ist).

»Kinder vergessen alles ganz schnell.«

Kinder, die zu Augenzeugen von Gewalt geworden sind, erinnern sich oftmals an genaue Einzelheiten der Streitigkeiten. Besonders die Vorgänge, die sie ängstigen, prägen sich deutlich ein; sie können sogar die Entstehung eines Streites genau beschreiben. Durch solche Situationen kann eine Traumatisierung erfolgen, die langfristige Schäden in der Seele des Kindes verursacht.

Auch Kleinkinder nehmen Streit wahr. Sie verstehen noch nicht alles, aber selbst ganz kleine Kinder, die der Sprache noch nicht mächtig sind, können sich später an die Gefühle erinnern, die sie während der Streitsituation hatten.

Solche Erlebnisse können bis ins Erwachsenenalter hinein bewusst oder unbewusst gespeichert bleiben. Auch dann, wenn die konkrete Situation des Streits oder der Gewalt zwischen den Eltern nicht ständig vor Augen erscheint, können Erwachsene aufgrund vergangener Erlebnisse besonders sensibel auf Streit oder ähnliche Situationen reagieren. Schreie oder laute Stimmen z. B. werden als unerträglich empfunden, enge zwischenmenschliche Beziehungen können sogar als so negativ gelten, dass sie total abgelehnt werden. Andere Kinder finden sich als Erwachsene ebenfalls in Gewaltbeziehungen wieder: egal, ob auf der Opfer- oder Täterseite.

Kinder sind vielfach von häuslicher Gewalt betroffen. Entweder werden sie selbst misshandelt oder sie erleben Misshandlungen mit. Beide Formen von Gewalterfahrungen wirken sich negativ aus.

Für Kinder und Jugendliche, die misshandelt werden, gilt nicht das Gewaltschutzgesetz, sondern das im BGB geregelte Kindschaftsrecht. Sie haben einen Anspruch auf Beratung und Hilfe durch das Jugendamt. Wenn Sie als Freund der Familie, Angehöriger, Mitglied der Gemeinde, Lehrer oder Elternteil den Verdacht haben, dass ein Kind misshandelt wird, können Sie ebenfalls das Jugendamt einschalten oder sich an das Familiengericht wenden.

Auch die Verweisung eines gewalttätigen Elternteils aus der Wohnung ist möglich, wenn der Gefahr nicht auf andere Weise begegnet werden kann (§§ 1666a, 1666 BGB). Hier ist ein Antrag bei Gericht zu stellen.

Quellen: Informationen des deutschen Kinderschutzbundes (www.kinderschutzbund.de).

Wege aus der Gewalt

Gewalt in der Ehe oder Partnerschaft ist ein Teufelskreis. Je länger man die Schläge oder Demütigungen erträgt, desto schwieriger wird es, zu einer harmonischen Partnerschaft zurückzufinden.

- Am Anfang einer Beziehung: Erkennen Sie die Gefahr, wenn Ihr Partner leicht »die Nerven« verliert: Das ist ein wichtiges Frühwarnsymptom, nehmen Sie es ernst. Sprechen Sie die Situation offen an. Evtl. kann eine gemeinsame Paarberatung im Vorfeld dafür sorgen, dass es doch zu einer guten Beziehung kommt.
- Immer nur nachgeben ist keine Lösung. Versuchen Sie sich in Streitfragen zu behaupten. Üben Sie, Ihren Standpunkt zu vertreten. »Die Liebe glaubt alles, duldet alles …« – diese Aussage gilt hier nicht. Sie müssen und sollen nicht alles dulden und den falschen Versprechen Ihres Partners auch nicht glauben. Ihr Glaube will Sie vor Hass und Verzweiflung bewahren, damit Sie ruhig handeln können.

- Lassen Sie sich nicht von Freunden und Bekannten trennen. Das Leben besteht aus mehr als nur aus Ehe und Beziehung.
- Lassen Sie sich nicht erniedrigen. Wenn Ihr Partner ständig nur Ihre Schwächen herausstellt, dann mit dem Ziel, dass er Sie erniedrigen will. Sprechen Sie das an, verwahren Sie sich gegen solche Aussagen, auch, wenn sie als »Spaß« getarnt sind.
- Wenn Ihr Partner gewalttätig wird, versuchen Sie nicht aus Scham oder Angst alleine damit fertig zu werden. Entschuldigen Sie nichts und geben Sie sich nicht dem Irrglauben hin, das käme nie wieder vor. Vertrauen Sie sich sofort jemandem an.
- Im Anschluss an die Situation sagen Sie Ihrem Partner (wenn möglich in Gegenwart einer Vertrauensperson), dass Sie beim nächsten Mal die Polizei holen werden – und tun Sie das dann auch! Erstatten Sie Anzeige.
- Suchen Sie Gesprächspartner mit Erfahrung: bei psychologischen Beratungsstellen, bei niedergelassenen Therapeuten, beim Weißen Ring (Hilfe für Opfer; Kontakt unter der Telefonnummer +49 (0) 6131/83 03-22; E-Mail: theobald.karl@weisser-ring.de).
- Und nicht zuletzt gibt es Frauenhäuser, wo Mitarbeiterinnen sind, die Ihnen weiterhelfen und mit Rat und Tat zur Seite stehen.
- Kommt es häufiger zu Gewalt, ist es sinnlos, gemeinsam in der ehelichen Wohnung zu bleiben. Letztlich sind Sie nur sicher, wenn Sie in einer eigenen Wohnung leben. Eine gemeinsame Beratung kann in einer solchen Trennungsphase sinnvoll sein, um evtl. zu klären, ob und wie ein weiteres Zusammenleben möglich ist.
- Menschen mit einem christlichen Bild von Ehe und Beziehung haben oft eine sehr große Hemmschwelle ihre Partnerschaft zu verlassen, weil sie vor Gott und der Gemeinde das Versprechen gegeben haben, in guten und in

schlechten Tagen zu ihrem Partner zu stehen. Reden Sie mit einem Seelsorger über dieses Problem. Gott erwartet nicht, dass Sie sich misshandeln lassen. Im Gegenteil: Ihr Leben ist wichtig, Ihre seelische und körperliche Unversehrtheit von hohem Wert.

»Gewalt darf kein Geheimnis bleiben!«

Nehmen Sie Ihre Angst ernst, trauen Sie Ihren Gefühlen. Fortgesetzte Gewalt hört nicht »einfach so« irgendwann auf. Machen Sie Ihre Situation »öffentlich«. Teilen Sie sich Menschen mit, denen Sie vertrauen. Schweigen hilft dem Täter, nicht dem Opfer!

Hier finden Sie eine Reihe von Gedankenanregungen:

- Weihen Sie Ihre Hausärztin/Ihren Hausarzt ein.
- Lassen Sie Verletzungen attestieren.
- Deponieren Sie diese Dokumentation und Atteste bei einer/-m Freund/-in.
- Übernachten Sie im Kinderzimmer.
- Speichern Sie die Notfallrufnummer der Polizei 110 oder die einer/-s Freundin/-es in Ihr Handy ein.
- Bitten Sie eine/-n Freund/-in auf ein abgesprochenes Signal hin die Polizei zu verständigen.
- Deponieren Sie die wichtigsten Unterlagen (Checkliste) und evtl. notwendige Kleidung für sich und die Kinder bei einer Freundin.
- Machen Sie sich klar: Falsche Loyalität bringt Sie in Gefahr. Wenn Sie Kinder haben: Wollen Sie wirklich, dass sie in Angst aufwachsen?

Vielen Menschen ist es peinlich und unangenehm, über die Gewalttätigkeiten ihres Partners/ihrer Partnerin zu sprechen. Auch wenn Sie sich scheuen, die Polizei und Staatsanwaltschaft zu informieren, teilen Sie sich Menschen mit, denen Sie vertrauen: Ihrem Pastor, Freund/-innen, Nachbar/-innen,

Arbeitskollegen/-innen, Verwandten, und wenden Sie sich an eine professionelle Beratungsstelle. Das entlastet Sie persönlich und kann zudem objektiv Ihren Schutz erhöhen. Je mehr von der Gewalt wissen, desto mehr können auf Sie achten.

Konkrete Sicherheitsvorkehrungen

Neben der Möglichkeit, vor den Gewalttätigkeiten zu Vertrauten oder in das Frauenhaus zu fliehen, gibt es vielleicht andere Vorkehrungen, die Sie (und Ihre Kinder) schützen. Das könnte der Anruf bei der Polizei, ein »Sicherheitskoffer« oder der Besuch eines Selbstverteidigungskurses sein.

Viele Betroffene schaffen es nicht, den Raum häuslicher Gewalt zu verlassen – selbst, wenn das eigentlich sinnvoll wäre.

Aber Sie sollten sich in einem solchen Fall unbedingt Gedanken hinsichtlich einer Übergangslösung machen. Betroffene Frauen haben folgende Vorschläge gemacht:

- vertraute Menschen bitten, in regelmäßigen Abständen oder in besonderen Gefahrenzeiten bei Ihnen anzurufen oder vorbeizukommen
- ein abschließbares eigenes Zimmer beziehen/aufsuchen
- sich im Notfall in Reichweite des Telefons aufhalten, eventuell eine Notnummer gespeichert halten, ein Handy anschaffen, mit dem Sie im Notfall an jedem Ort der Wohnung Hilfe holen können
- einen »Sicherheitskoffer« mit wichtigen Unterlagen und eventuell notwendiger Kleidung für Sie (und Ihre Kinder) bei einer vertrauten Person deponieren

Sie entscheiden, was für Sie im Einzelfall richtig ist. Nur so können Sie Ihr Leben und Ihre Gesundheit sowie Ihre Kinder schützen.

Checkliste für den Notkoffer oder für den Auszug

Auch, wenn Sie als Betroffene/-r nicht bereit sind, Ihren Partner zu verlassen, ist es gut, für den Notfall vorbereitet zu sein. Dazu ist die folgende Checkliste sinnvoll, in der Dinge, die Sie mitnehmen sollten, zusammengestellt wurden. Alle Unterlagen im Original, die Ihnen persönlich gehören, dürfen Sie nehmen. Dokumente Ihres Partners (z. B. Gehaltsbescheinigungen) sollten Sie kopieren.

- Ausweise/Pass
- Krankenversicherungs-/Scheckkarte
- Heiratsurkunde
- Geburtsurkunde
- Arbeitsvertrag
- Lohnsteuerkarte
- Rentenbescheid
- Atteste
- einstweilige Verfügung
- Versicherungsnachweisheft
- Sparbuch
- Versicherungsverträge
- Arbeitszeugnisse
- Schulzeugnisse

Wenn die Kinder mit Ihnen kommen, denken Sie an folgende Originalunterlagen, z. B.:

- Ausweise
- Geburtsurkunden
- Zeugnisse
- Impfpässe u. Ä.
- Vorsorgehefte

Alle gemeinsamen Unterlagen (gegebenenfalls die Unterlagen Ihres Mannes in Kopie) mitnehmen, z. B.:

- Arbeitsvertrag oder genaue Anschrift des/-r Arbeitgeber/-in
- Gehaltsüberweisungen des letzten Jahres
- Rentenversicherungsnummer
- Versicherungsverträge, z. B. Unterlagen über Lebensversicherungen
- Sparverträge
- Bausparverträge
- Mietvertrag
- Depot-Auszüge über Wertpapiere
- Kaufvertrag und Grundbuchauszug bei Haus- oder Wohnungseigentum
- Raten- und Kreditverträge

Denken Sie auch an die Dinge des täglichen Bedarfs wie Kleidung etc. Es kann günstig sein, wenn Sie die Wohnung verlassen, eine Liste und gegebenenfalls Quittungen oder Kaufbelege der in der Wohnung enthaltenen Gegenstände zu haben. Sie können sich auch an die Polizeidienststellen wenden, damit Sie begleitet werden, um Ihre notwendigen persönlichen Dinge aus der Ehewohnung herauszuholen. Sie können beim Amtsgericht dazu eine einstweilige Verfügung beantragen.

Im Notfall retten Sie vor allem sich (und die Kinder)!!!

Welchen gesetzlichen Schutz gibt es?

Zusätzlich zu den eigenen Schutzmaßnahmen stehen Ihnen auch rechtliche Möglichkeiten zur Verfügung: Neben dem Weg der Anzeige gibt es noch das *Gewaltschutzgesetz*: Ab 1. Januar 2002 ist das Gesetz zur Verbesserung des zivilgerichtlichen Schutzes bei Gewalttaten und Nachstellung sowie zur Erleichterung der Überlassung der Ehewohnung bei Trennung in Kraft getreten.

Was regelt das neue Gesetz?

Das Gewaltschutzgesetz schützt Sie vor Gewalt aller Art – gleichgültig, ob Sie zu Hause oder außerhalb von Gewalt betroffen sind. Auch die psychische Gewalt ist durch das Gesetz erfasst. Gemeint sind beispielsweise:

- Körperverletzung
- Drohungen und Belästigungen
- Nachstellungen
- Verfolgung (= Stalking)
- Telefonterror, ständige Hinterlassung von Mitteilungen über Telefon, Fax, Handy oder Internet

Schutz wird u. a. gewährt durch:
- gerichtliche Zuweisung der Wohnung zur alleinigen Nutzung
- Zutrittsverbot: Durch gerichtliche Anordnung wird dem Täter verboten, Ihre Wohnung zu betreten.
- Näherungsverbot: Durch gerichtliche Anordnung wird dem Täter verboten, Orte aufzusuchen, an denen Sie sich regelmäßig aufhalten (z. B. Arbeitsplatz, Kiga, Schule usw.).
- Kontaktverbot: Durch gerichtliche Anordnung wird dem Täter verboten, Kontakt mit Ihnen aufzunehmen.

Das Gesetz schützt alle von Gewalt betroffenen Menschen, unabhängig davon, ob es sich um Gewalt in einer Paarbeziehung, in einer häuslichen Gemeinschaft oder außerhalb einer häuslichen Gemeinschaft handelt.

Im Notfall 110 anrufen

Die Opfer von Gewaltbeziehungen haben oft Angst davor, die Polizei zu benachrichtigen. Wenn es möglich ist, kann es in einem solchen Fall auch sinnvoll sein, eine Person anzurufen, der Sie vertrauen und die auch vom gewalttätigen Partner respektiert wird. Das könnte zum Beispiel ein Pastor oder ein Angehöriger sein.

In manchen Fällen ist das aber nicht ausreichend oder das Opfer erfährt durch die Personen, die es kennt, keine Hilfe.

Wenn Sie sich bedroht fühlen, sollten Sie deshalb den Notruf wählen. Die Aufgabe der Polizei ist es, den Schutz vor Gewalttaten zu gewährleisten: Wenn ein Mensch Sie misshandelt, ein- oder aussperrt, vergewaltigt usw., können Sie über die Telefonnummer 110 die Polizei zur Hilfe rufen. *In solchen Notsituationen müssen die Beamten/-innen grundsätzlich kommen.*

Scheuen Sie sich nicht, zu Ihrem Schutz in einer Gewaltsituation die Polizei zu holen. Einige Täter schrecken allein durch das Auftauchen der »Gesetzeshüter« vor weiteren Gewalttaten zurück.

Die Polizisten/-innen sollen in solchen Fällen u. a.

- Sie und Ihren Mann getrennt befragen
- Sie über Unterstützungseinrichtungen und die Notwendigkeit eines ärztlichen Attests informieren sowie gegebenenfalls beim Verlassen der Wohnung unterstützen
- den Täter an weiteren Gewaltanwendungen hindern, indem gegebenenfalls Maßnahmen wie Platzverweis oder In-Gewahrsam-Nahme ergriffen werden
- Beweise sichern
- grundsätzlich eine Strafanzeige fertigen

Anzeige

Gewalt ist grundsätzlich gesetzeswidrig und z. B. als (schwere oder gefährliche) Körperverletzung, Vergewaltigung, Nötigung oder Bedrohung strafbar. Jede/-r, die/der von den Straftaten eines Menschen weiß, kann diese anzeigen – auch das Opfer natürlich. Wie lange nach der Tat noch angezeigt werden kann, ist von Vorwurf zu Vorwurf unterschiedlich. Sie haben aber mindestens drei Monate Zeit, sich zu entscheiden.

Zivilrechtliche Verfahren

Sie haben immer die Möglichkeit, auf dem so genannten zivilrechtlichen Weg gegen Ihren gewalttätigen Partner vorzugehen. Sie treten dann als Kläger auf, d. h., Sie klagen z. B. Schadensersatzforderung oder Schmerzensgeld ein. Ihr Partner ist in diesem Falle der Beklagte.

Ein Richter entscheidet dann in einem Gerichtsverfahren über Ihre Klage. Hierbei können oder müssen Sie sich durch eine Anwältin oder einen Anwalt unterstützen lassen. Es gibt die Möglichkeit, Prozesskostenhilfe zu beantragen, wenn Sie kein oder nur ein geringes Einkommen haben.

Strafrechtliches Verfahren durch die Staatsanwaltschaft

Hierbei tritt die Staatsanwaltschaft als Anklägerin gegen den Täter auf. Sie selbst sind dann grundsätzlich Zeugin. Sie haben darüber hinaus die Möglichkeit, Nebenklägerin zu sein.

Bei Strafprozessen kommt es immer zu mündlichen Verhandlungen entweder vor dem Amts- oder dem Landgericht. Dabei werden zunächst alle Zeugen/-innenaussagen gehört und Beweismittel vorgetragen. Zum Abschluss gibt es ein richterliches Urteil.

Als Zeuge werden Sie zu einem Verhandlungstermin geladen und müssen aussagen. Nur als Verwandte/er, Verlobte/er oder Ehepartner des Angeklagten haben Sie das Recht, die Aussage zu verweigern.

Wohin mit mir?

Freunde

Es kann sehr wichtig sein, wenigstens vorübergehend die gemeinsame Wohnung verlassen zu können. Sprechen Sie mit Freunden oder Verwandten ab, ob Sie in einem solchen Fall spontan auftauchen und bleiben können.

Frauenhaus

Wenn Sie als Frau direkt vor der Gewalt Ihres Mannes oder Freundes fliehen müssen, können Sie sich auch an ein Frauenhaus wenden.

Frauenhäuser können Sie Tag und Nacht erreichen. Die Adressen sind zum Schutz der Frauen geheim, den Kontakt bekommen Sie aber über das Telefonbuch. Wenn Sie anrufen und ein Platz frei ist, werden Sie zu einem Treffpunkt gebeten, wo Sie dann abgeholt werden. Ist kein Platz mehr vorhanden, können Sie Telefonnummern von Frauenhäusern in der Umgebung erfragen.

Im Frauenhaus werden Frauen und Kinder aufgenommen. Sie treffen dort mit anderen Betroffenen zusammen und organisieren gemeinsam den Tagesablauf. Es gibt ausgebildete und kompetente Mitarbeiterinnen, die Sie beraten und bei den anstehenden Vorgängen unterstützen. Sie können von dort alles Weitere in die Wege leiten, zu Ihrer Arbeit gehen, wenn dies sicher ist, und den Schulbesuch Ihrer Kinder regeln.

Inzwischen gibt es (wenn auch selten) einige *»Männerhäuser«* als Schutzraum für Männer.

Gemeinsame Wohnung

Für viele Menschen, gerade auch mit Kindern, wäre es die beste Lösung, wenn der Täter die gemeinsame Wohnung verließe. In den seltensten Fällen sind die Täter jedoch von sich aus bereit dazu. Sie können versuchen, sich mit rechtlichen Schritten die Wohnung zuweisen zu lassen. Selbst wenn Sie bereits aus der gemeinsamen Wohnung geflüchtet sind, besteht dazu die Möglichkeit.

Unabhängig davon, wer den Mietvertrag unterschrieben hat oder wer Eigentümer des Hauses oder der Wohnung ist, können Sie einen Antrag auf *»Zuweisung der ehelichen Wohnung«* stellen. Das Gesetz sieht vor, dass die alleinige Benutzung dann zu befürworten ist, wenn dadurch eine schwere Härte vermieden wird (dies ist der Fall bei attestierter oder bezeugter körperlicher Misshandlung).

Haben Sie allein den Mietvertrag abgeschlossen und Ihrem Partner die Mitbenutzung der Wohnung gestattet, können Sie ihm jederzeit die Mitbenutzung wieder untersagen. Haben Sie mit ihm einen *Untermietvertrag* abgeschlossen, können Sie diesen fristlos (wegen der Gewalttätigkeiten) kündigen. Sollte er daraufhin nicht die Wohnung verlassen, können Sie mit Hilfe eines Rechtsanwaltes eine Räumungsklage einreichen. Für die Dauer des Verfahrens (es können einige Wochen dafür vergehen) sollten Sie zu Ihrem Schutz eventuell eine andere Unterkunft finden.

Wenn Sie beide den Mietvertrag unterzeichnet haben, können Sie beim Zivilgericht ein Urteil erwirken, mit dem Ihr Partner zur Kündigung seines Anteils am Mietvertrag verpflichtet wird. Der/Die Vermieter/-in kann dann allein mit Ihnen einen Mietvertrag abschließen. Der rechtliche Weg dorthin ist kompliziert. Holen Sie juristischen Beistand.

Wenn Sie *nicht Mieter/-in oder Mitmieter/-in* der Wohnung sind, können Sie kein dauerhaftes Recht an der Wohnung anmelden. Sie müssen sich in diesem Fall dann eine eigene Wohnung suchen.

Neue Wohnung

Um eine neue Wohnung für Sie (und Ihre Kinder) zu finden, müssen Sie evtl. alle Register ziehen:

- wenden Sie sich an das Wohnungsamt
- beantragen Sie gegebenenfalls einen Wohnungsberechtigungsschein
- studieren Sie die Anzeigen in den Zeitungen, vielleicht geben Sie selber eine Anzeige auf (zu Ihrem Schutz ist eine Chiffreanzeige sinnvoll)
- informieren Sie alle Ihre Vertrauten über Ihre Wohnungssuche

Wenn Sie Sozialhilfeempfängerin sind, müssen Sie bestimmte Mietpreisgrenzen beachten. Unter bestimmten Voraussetzungen übernimmt das Sozialamt die Umzugskosten. Erkundigen Sie sich im Vorfeld bei Ihrer Sachbearbeiterin, ob dies möglich ist.

Auskunftssperre
Es kann für Ihren Schutz notwendig sein, die Anschrift Ihrer neuen Wohnung geheim zu halten. Zu diesem Zweck können Sie bei der Stadt eine Auskunftssperre beantragen. Sie müssen dafür glaubhaft machen, dass eine Gefahr für Leben, Gesundheit oder persönliche Freiheit für Sie (und/oder Ihre Kinder) besteht, wenn die Anschrift weitergegeben wird. Ihre Anschrift darf dann nicht herausgegeben werden.

Lebensunterhalt
Nicht immer ist das Gewaltopfer auch der finanziell schwächere Teil der Beziehung. Wenn das aber zutrifft, ist Geld ein wichtiges Druckmittel: »Von mir kriegst du nichts und wirst auch nichts kriegen!«, heißt es nicht selten in Gewaltbeziehungen. Um diesen Fehlauskünften entgegenzuwirken, sollen kurz die verschiedenen Möglichkeiten aufgezeigt werden.

Klären Sie, welche Möglichen für Ihre individuelle Situation in Frage kommen. Eine individuelle Beratung und Unterstützung durch eine/-n Rechtsanwältin/-anwalt ist in den meisten Fällen sinnvoll (beim Amtsgericht können Sie bei geringem Einkommen einen Antrag auf Prozesskostenhilfe stellen und Sie bekommen einen Berechtigungsschein, mit dem Sie zu einem Rechtsanwalt gehen können, der Sie dann vertritt).

Eigenes Einkommen
Für Opfer, die ein eigenes Einkommen (auch eigene Bezüge vom Arbeitsamt) haben, verändert sich zunächst nichts. Sie sollten aber über ein eigenes Konto verfügen und Ihren Arbeitgeber gegebenenfalls darüber informieren, dass das Geld dorthin überwiesen wird. Für die Änderung der Steuerklasse etc. bleibt meist die Zeit, sich eingehender zu informieren. Eventuell ist bei geringem Einkommen Wohngeld oder ergänzende Sozialhilfe zu beantragen (s. u.). Um Hilfe vom

Sozialamt zu bekommen, müssen Sie sich aber damit vertraut machen, dass Sie alle Vermögensverhältnisse offen legen müssen.

Ehegattenunterhalt

Wenn Sie kein eigenes oder nur ein geringes Einkommen haben, haben Sie Anspruch auf Unterhalt von Ihrem Ehepartner. Wegen einer detaillierten Unterhaltsberechnung wenden Sie sich an einen Rechtsanwalt.

Kindesunterhalt

Wenn Ihre Kinder bei Ihnen leben, haben Sie Anspruch auf Kindesunterhalt. Die so genannte Düsseldorfer Tabelle (für die alten Bundesländer) und die Berliner Tabelle (für die neuen Bundesländer) zeigen Richtwerte über die Höhe des Unterhaltes.

Sollte der Vater/die Mutter der Kinder nicht zahlen (können), wenden Sie sich an die Unterhaltsvorschusskasse des Jugendamtes (Telefonbuch Stichwort: Stadtverwaltung). Diese zahlt (maximal 6 Jahre) für Kinder bis 12 Jahre den Unterhalt als Vorschuss. Die Vorschusskasse wendet sich dann an den verpflichteten Elternteil wegen der Rückerstattung.

Ist Ihr Kind älter als 12 Jahre oder haben Sie bereits 6 Jahre Unterhaltsvorschuss bezogen, dann müssen Sie sich eventuell an das *Sozialamt* wenden.

Denken Sie daran, die *Kindergeldkasse* über die neue Situation zu informieren, damit das Kindergeld an Sie überwiesen wird. Der Vater des Kindes hat dann das Recht, die Hälfte des Kindergeldes von seinen Unterhaltsverpflichtungen abzuziehen.

Sozialhilfe und Wohngeld

Wohngeld (d. h. Zuschuss zu den Miet- und Nebenkosten) können Sie beim Wohnungsamt beantragen.

Wenn Sie Sozialhilfe erhalten, ist Wohngeld darin enthalten und im Bescheid gesondert aufgeführt.

Sozialhilfe (auch ergänzend zu sonstigen Einnahmen) beantragen Sie beim zuständigen Sozialamt (Telefonbuch Stichwort: Stadtverwaltung). Auch hier ist es wieder notwendig, dass Sie Ihr Einkommen oder Nicht-Einkommen nachweisen (Arbeitsvertrag, Bescheid über Arbeitslosengeld oder von der Kindergeld- oder Unterhaltsvorschusskasse, Überweisungsträger). Haben Sie keine Scheu, den Weg zum Sozialamt zu machen. Das ist zwar nicht angenehm, aber die einzige Alternative, wenn Sie aus finanziellen Gründen eine Gewaltbeziehung sonst nicht verlassen könnten.

Zu Ihrem Schutz kann es wichtig sein, die Sachbearbeiter beim jeweiligen Amt über Ihre Situation zu informieren, um die Notwendigkeit der Geheimhaltung Ihrer Anschrift zu verdeutlichen. Es hat sich auch gezeigt, dass es sinnvoll sein kann, eine Freundin oder einen Seelsorger als moralische Unterstützung mitzunehmen.

Und die Kinder?

Gemeinsames Sorgerecht

Das gemeinsame Sorgerecht haben alle Eltern, die miteinander verheiratet sind, und auch unverheiratete Eltern, die eine gemeinsame Sorgeerklärung beim Jugendamt abgegeben haben.

Sofern kein Elternteil Antrag auf alleiniges Sorgerecht stellt, bleibt seit Inkrafttreten des neuen Kindschaftsrechts die gemeinsame elterliche Sorge auch bei Trennung bzw. Scheidung der Eltern weiterhin bestehen. Lebt Ihr Kind (mit Einverständnis des anderen Elternteils oder aufgrund eines Gerichtsbeschlusses) bei Ihnen, haben Sie in *»Angelegenheiten des täglichen Lebens«* die alleinige Entscheidungsbefugnis. Angelegenheiten des täglichen Lebens sind z. B. Fragen der täglichen Betreuung des Kindes, Probleme im Rahmen des täglichen Schulbesuches und der medizinischen Versorgung.

Weitere Fragen zur praktischen Umsetzung des gemeinsamen Sorgerechts während des Getrenntlebens oder nach der Scheidung beantworten Ihnen die Mitarbeiterinnen des Jugendamts.

In Gewaltbeziehungen dürfte das Praktizieren einer gemeinsamen Sorge, die Einigung in wichtigen Dingen, die das Kind/die Kinder betreffen, in der Regel äußerst schwierig, wenn nicht ausgeschlossen sein.

Nehmen Sie gegebenenfalls weitergehende Unterstützung des Jugendamtes in Anspruch.

Alleiniges Sorgerecht
Sie können mit Hilfe eines Rechtsanwaltes beim Familiengericht einen Antrag auf alleiniges Sorgerecht stellen. Voraussetzung ist, dass Sie nicht nur vorübergehend getrennt leben. Kinder über 14 Jahre können diesem Antrag widersprechen. Ob das Familiengericht dem Antrag stattgibt, wird nach dem Kindeswohl entschieden.

Umgangsrecht (Besuchsrecht)
- Jedes Kind hat das Recht auf Umgang mit jedem Elternteil.
- Jeder Elternteil hat die Pflicht, aber auch das Recht auf Kontakt zum Kind.
- Großeltern, Geschwister oder andere enge Bezugspersonen des Kindes haben dann ein Besuchsrecht, wenn dies für das Wohl des Kindes dienlich ist.

Damit den Interessen des Kindes, aber auch den Schutznotwendigkeiten entsprochen werden kann, ist es absolut notwendig, dass Sie mit der zuständigen Mitarbeiterin des Jugendamtes über Ihre Situation sprechen. Nur so können entsprechende Maßnahmen ergriffen werden.

Für die Übergabe des Kindes könnte ein neutraler Ort gewählt werden. Auch gibt es z. B. die Möglichkeit des begleiteten Umgangsrechts. Das heißt, die Kinder haben nur in Anwesenheit eines Dritten Kontakt zum Gewalt ausübenden Elternteil. Es sollte gewährleistet sein, dass Sie vor, während und nach diesen Kontakten nicht belästigt werden können. Das *Umgangsrecht wird nur dann auf Antrag beim Familiengericht ausgeschlossen*, wenn das Wohl des Kindes gefährdet ist – falls z. B. ein Elternteil das Kind während des Besuchs misshandelt hat.

Was können Angehörige tun?
Indirekt Betroffene wie z. B. Angehörige, Gemeindemitglieder, Arbeitskollegen/-innen oder Freunde/-innen erfahren oft als Erste von der Zwangslage der Betroffenen. Für einen Menschen, der Gewalt erlebt, ist es von großer Wichtigkeit, dass Sie nicht wegsehen. *Andeutungen und andere Auffälligkeiten können ein Hilferuf sein. Gehen Sie nicht darüber hinweg.*

Die komplexe Zwangssituation der Betroffenen macht die Hilfe oft nicht einfach. Akzeptieren Sie auf jeden Fall den Willen des Betroffenen, auch wenn er für Sie als Außenstehende nicht nachzuvollziehen ist. Es ist sicherlich für nahestehende Angehörige schwer zu ertragen, wenn ein Mensch eine Gewaltsituation nicht verlässt. Aber nur der oder die Betroffene kann und muss die Konsequenzen jeder Entscheidung treffen und aushalten.

Und Tatsache ist, dass die Bedrohung in Gewaltbeziehungen in der Trennungsphase zunimmt. Selbst gut gemeinte Handlungsanweisungen können den Druck auf die Opfer verstärken. Erleichternd sind dagegen Angebote wie »Du kannst zu mir kommen«, »Du kannst mich jederzeit anrufen« oder der Hinweis auf professionelle Unterstützung.

Jeder erwachsene Mensch muss seinen eigenen Weg im Umgang mit der Gewalterfahrung finden.
Es gibt nicht das Patentrezept für die Lösung. Aufgrund der schwierigen und gefährlichen Situation in Gewaltbeziehun-

gen gibt es kein einfaches »Weggehen«. Vielfältige Maßnahmen und Unterstützungen können helfen, eine Veränderung zu erreichen.

Zusammenfassung zum Thema Gewaltbeziehungen

Ich hoffe, dass Sie sich durch die Fülle der Information nicht überschüttet fühlen. Meine Zusammenstellung sollte Ihnen deutlich machen, welche Möglichkeiten Sie haben. Wie auch immer Sie entscheiden – nehmen Sie unterstützende Hilfe an. Wählen Sie – sowohl bei professioneller als auch nicht professioneller Unterstützung – die Personen, die kompetent, vertrauenswürdig und Ihnen sympathisch sind.

Ob ein Anwalt in Familienrecht kompetent und erfahren ist, können Sie durch Mundpropaganda, durch Nachfrage bei Beratungsstellen oder der Rechtsanwaltskammer in Erfahrung bringen. Ob er/sie Ihnen dann sympathisch ist, müssen Sie selbst entscheiden.

Die Kompetenz von Berater/-innen zeigt sich vor allem auch darin, dass Sie zu keiner Entscheidung gedrängt werden. Allein die Möglichkeit, sich einmal auszusprechen, kann für Sie wichtig sein – gerade dann, wenn Sie noch nicht wissen, was Sie wollen. Nutzen Sie entsprechende Angebote.

Hier bekommen Sie Hilfe:

Akute Bedrohung: 110 (Polizei)

Telefonseelsorge: freecall 0800-111 0 111
freecall 0800-111 0 222

Weißer Ring: Opfernotruf Tel. 01803/34 34 34

Hilfe für Opfer von (auch häuslicher) Gewalt:
Die Hilfsmöglichkeiten des **WEISSEN RINGS** sind vielfältig und werden in jedem einzelnen Fall auf die besondere Situation des Opfers abgestimmt. Die Hilfe reicht vom menschlichen Beistand und persönlicher Betreuung über die Hilfestellung beim Umgang mit den Behörden, Begleitung zu Gerichtsterminen, Gewährung von Rechtsschutz und Erholungsmaßnahmen für Opfer und ihre Familien bis hin zu finanziellen Unterstützungen in tatbedingten Notlagen.
Kontakt: Michael Ketzscher, Untersteinbach 4,
83670 Bad Heilbrunn; Tel. 08046/188797

Bundesgeschäftsstelle:
Weberstraße 16
55130 Mainz
Tel.: 06131/83030
Fax: 06131/830345
E-Mail: info@weisser-ring.de
Homepage: www.weisser-ring.de

Weißer Ring Österreich
http://www.weisser-ring.at/
Tel.: 07114 / 200-155

Weißer Ring Schweiz
http://www.weisser-ring.ch/
Tel.: 01/422 65 62 (während Bürozeiten)
Fax: 01/671 04 06

Opferschutz Brandenburg
Justizministerium
Poststelle
Heinrich-Mann-Allee 107
14473 Potsdam
Tel.: 0331/866 33 00

Opferhilfe Schweiz
http://www.baselland.ch/docs/jpd/opfer/main_opfer.htm#top

Seelsorgechat
http://www.du-lebst.com/

Infos zum Thema Missbrauch und Gewalt in Familien

www.kinderschreie.de

Rechtliche Beratung
http://www.kinderschreie-rechtliches.de/recht_links/04.htm

Links für Männer:
http://www.kinderschreie-rechtliches.de/maenner/maennerlinks.htm

Hilfe für Täter
www.4Uman.de

Hilfe für von Gewalt betroffene Männer

- gewaltschutz@vafk.de
- Hotline 01805-120-120 (Sorgentelefon des Väteraufbruch für Kinder e.V.)

Hilfreiche zentrale Adressen (nach Postleitzahlen geordnet) für Frauen:

Frauen für Frauen e. V.
Frauengesundheitszentrum
Bürgerstr. 52
01127 Dresden
Tel.: 0351/8495679

Beratungsstelle Frauenhaus Leipzig
Leopoldstr. 31
04277 Leipzig
Tel.: 0341/4777818

BIG e. V.
Berliner Initiative
gegen Gewalt gegen Frauen
Koordinationsstelle des Berliner Interventionsprojektes gegen häusliche Gewalt
Paul-Lincke-Ufer 7
10999 Berlin
Tel.: 030/61709100
Fax: 030/61709101

Frauen für Frauen
in Konflikt- und Gewaltsituationen e. V.
Granseer Str. 8
10435 Berlin
Tel.: 030/4484528

Frauenberatungsstelle e. V.
Kattunbleiche 31
22041 Hamburg
Tel.: 040/6527711

Notruf für vergewaltigte Frauen und Mädchen e. V.
Marlesgrube 9–15
23552 Lübeck
Tel.: 0451/704640

Notruf und Beratung für vergewaltigte Mädchen und Frauen
Preußerstr. 20
24105 Kiel
Tel.: 0431/91144

Frauengesundheitszentrum
Elsflether Str. 29
28219 Bremen
Tel.: 0421/3809747

Frauen- und Kinderschutzhaus
Frauenberatung für Betroffene von Gewalt
Marienstr. 63
30171 Hannover
Tel.: 0511/323233

Frauenberatungsstelle
Annastr. 9
34119 Kassel
Tel.: 0561/779511

Frauen in Not
Ackerstr. 144
40233 Düsseldorf
Tel.: 0211/686854

Frauen helfen Frauen e. V.
Kronprinzenstr. 26
44135 Dortmund
Tel.: 0231/521008

Frauen gegen Gewalt e.V.
Glasstr. 80
50823 Köln
Tel.: 0221/562035

Frauen helfen Frauen e. V.
Kölnstr. 69
53111 Bonn
Tel.: 0228/659500

Weißer Ring
Mainzer Landstr. 131
60327 Frankfurt
Tel.: 069/233581

Fraueninformationszentrum
Eichendorffstr. 15 a
68167 Mannheim
Tel.: 0621/379790

Frauennotruf
Obere Str. 2
70190 Stuttgart
Tel.: 0711/2859001

Frauenring Breisgau e. V.
Merianstr. 16
79104 Freiburg
Tel.: 0761/274170

Polizeipräsidium München
Ettstr. 2
Beauftragte der Polizei für Frauen und Kinder
80333 München
Tel.: 089/2910-4444

Frauennotruf
Güllstr. 3
80336 München
Tel.: 089/763737

Notruf für vergewaltigte Frauen
Bleichstr. 25
90429 Nürnberg
Tel.. 0911/284400

Frauenberatungs- und Therapiezentrum e. V.
Adolf-Schmetzer-Str. 27
93055 Regensburg
Tel.: 0941/791250

Weiterführende Literatur:

- Constanze Elsner: Mit mir nicht mehr! Frankfurt 1997
- Dieter Endres/Susanne Endres: Gemeinsam unterwegs. Gießen 2002
- Hildegard Damrow/Werner Correll: Ehekonflikte, Konfliktehen – Vermeidung oder Bewältigung? Probleme der Partnerschaft. München 1984
- Patricia Evans: Worte, die wie Schläge sind. Reinbek 1997
- Reinhold Ruthe: Wenn Liebe zur Fessel wird. Gießen 2004
- Robin Norwood: Wenn Frauen zu sehr lieben. Reinbek 1995
- Stefan Klein: Die Glücksformel. Reinbek 2003
- Susan Forward/Donna Frazier: Emotionale Erpressung. München 2000
- Susanne Lindner: Tatort Ehe. Zur sexuellen Gewalt in Mann-Frau-Beziehungen. Wien 1992
- Ulrich Giesekus: Gewalt, die alltägliche Gefahr. Wuppertal 2002
- Vera F. Birkenbihl: Kommunikationstraining. 25. Auflage. München 2004

- Bayerisches Staatsministerium für Arbeit und Sozialordnung, Familie und Frauen (Hg.): Handeln statt schweigen. Information und Hilfe bei sexueller Gewalt gegen Kinder und Jugendliche. München [3]2001
- Bundesministerium für Justiz (Hg.): Opferfibel. Rechtswegweiser für Oper einer Straftat. www.bmj.bund.de
- Innenministerium des Landes Nordrhein-Westfalen (Hrsg.): Häusliche Gewalt und polizeiliches Handeln. Informationen für die Polizei und andere Beteiligte. Düsseldorf 1/200